KB105401

왜 제조업
르네상스인가

왜 제조업 르네상스인가

·개리 피사노 GARY P. PISANO, 윌리 시 WILY C. SHIH 지음 | 고영훈 옮김·

PRODUCING PROSPERITY

nomad
지식노마드

PRODUCING PROSPERITY: Why America Needs a Manufacturing
Renaissance by Gary P. Pisano with Willy C. Shih

Original work Copyright © 2012 Gary P. Pisano and Willy C. Shih
Korea translation copyright © 2019 by KNomad
All rights reserved.

This Korean edition was published by KNomad in 2019 by arrangement with
Harvard Business Review Press through KCC(Korea Copyright Center Inc.), Seoul.

왜 다시 제조업인가?

오바마 대통령이 대통령에 당선된 2008년 말, 미국은 대공황 이래 최악의 금융 위기와 함께 전례 없는 규모의 일자리 상실에 직면해 있었다. 경제 위기의 충격으로 파산한 GM과 크라이슬러Chrysler에 대해 미국 정부가 유례없는 구제금융을 제공해야 할 정도로 일자리 문제가 심각했다. 이때 미국 연방 정부 차원에서 자동차 산업의 구조 조정과 기업 회생 방안을 논의하는 과정에서 근본적인 일자리 문제 해결과 산업 경쟁력 확보를 위해서는 자동차 등 미국 제조업의 중장기적인 부활을 위한 국가 전략이 필요하다는 인식이 생겨났다. 그 결과로 2012년 오바마 행정부는 '제조업 르네상스'라는 명칭으로 미국 현대사상 처음으로 산업 정책industrial policy을 기획하여 실행하게 된다. 2009년부터 논의가 시작되어 2012년에 공표된 오바마 행정부의 제조업 르네상스 전략에서 그 명칭과 배경을 이루는 경제이론을 제공한 것이 바로 이 책이며 이 책의 저자들은 오바마 행정부의 제조업 르네상스에 관련된 각종 위원회에서 자문역으로 활발히 활동했다.

미국 제조업은 1965년부터 2000년까지의 35년 동안 1,700만 개 수준의 일자리를 유지했었다. 그런데 1979년 1,940만 개를 정점으로 줄기 시작하더니, 2000년에서 2010년까지의 10년 동안에는 무려 570만 개의 제조업 일자리가 사라졌다. 제조업 공동화 현상으로 불과 10년 사이에 미국 제조업 일자리의 1/3이 사라져 버린 것이다. 과거 제조업으로 호황을 구가했던 자동차와 철강, 기계 등 굴뚝 경제의 중심 지역인 디트로이트·미시간, 피츠버그·펜실베이니아, 오하이오, 위스콘신 등의 지역 경제가 심각하게 붕괴하면서 소위 러스트벨트Rust Belt 현상이 대두된 것도 이 시기였다.

오바마 행정부에서 시작된 미국 정부의 노력으로 미국 내 제조업 일자리는 1979년 이래 처음으로 증가하기 시작했다. 제조업 일자리는 2010년부터 2017년까지 8년 동안 100만 개나 증가하며 전체 일자리 증가분에서 가장 높은 증가율을 기록했다. 2016년에 당선된 트럼프 대통령은 오바마 행정부가 펼친 거의 모든 정책을 폐기했지만 제조업 르네상스 전략만은 계승하였다. 트럼프 행정부에서도 제조업 르네상스 관련 위원회들의 활동은 지속되고 있다. 미중 간의 무역 전쟁에서 중국의 '제조 2025 전략'에 대한 정밀한 타격 전략을 기획하는 주역이 이들 위원회라는 지적이 있을 정도로 이들은 중요한 역할을 수행하고 있다.

이 책은 지난 30년간 미국 경제 정책담당자와 경제학자들이 옹호해왔던 'R&D는 미국에서, 제조는 해외·아시아에서invent here, production there' 전략과 그 이론적 배경이 되는 기존 경제학 및 경제 정책의 정태적 비교우위론의 한계를 비판한다. '제조업이 쇠퇴해도 서비스 및 여타 지식 기반 산업 부문의 국제적 비교우위 덕택에 선진국 경제는 계속 번영하고 성장한다'는 기존 경제학의 설명에 기반한 산업 및 무역 전략은 실패했다고 저자들은 주장한다. 제조 활동이 공장과 함께 아시아로 이전함에 따라 제조 납품 공급자망supplier chain이 통째로 미국에서 아시아로 이전하게 되고, 그 결과로 미국 기업들의 R&D 활동마저 제조 공장 및 제조 공급망이 있는 아시아 인근 지역으로 이전하는, 기존 경제학이 예기치 못한 현상이 일어났다는 것이다.

이 책에서 그 생생한 사례로 소개하는 것이 세계 최초로 디지털 카메라를 발명한 코닥이다. 이 책의 저자 중 한명인 시Shih 교수는 과거 코닥에서 근무했기 때문에 그 상황을 직접 현장에서 체험했다. 그에 따르면 디지털 카메라의 완성품과 부품 및 소재의 제조에 필요한 공급망이 차례차례 미국으로부터 일본 등 아시아로 이전하면서 결과적으로 디지털 카메라의 신제품 개발을 위한 R&D 활동마저 아시아로 이전하는 것이 불가피할 수밖에 없었다고 한다.

이 책은 노동과 자본, 토지 등 생산의 3요소만을 고려하는 기존의 비교우위 경제학이 간과한 현상을 설명하는 핵심 개념의 하나로서 '거리의 경제economy of distance'를 소개한다. R&D 활동과 제조 활동, 그리고 부품·소재의 제조 공급망이 서로 멀리 떨어져 있을 경우,

그 제품의 개발과 제조에 반드시 필요한 활발한 의사소통과 피드백 과정이 원활하게 일어나지 않게 된다. 특히 가까운 거리에서 사람들이 서로 왕래하면서 서로 얼굴을 맞대고face to face 지식과 정보와 의견을 교환해야 하는 경우가 종종 있는데(모듈화가 덜된 제품 생산의 경우 등등), 그것이 제대로 이루어지지 않을 경우 제대로 된 비즈니스 경쟁력을 갖출 수 없다고 저자들은 지적한다.

다음으로 이 책의 저자들이 미국에서 제조활동의 쇠퇴 원인과 동시에 파괴적 파급 효과를 설명하기 위해 제시하는 개념이 '산업 공유지 또는 산업 공유자산industrial commons'이다. 이 책은 '공유지의 비극Tragedy of the Commons'을 논거로 국가의 시장 개입을 비판하는 시장주의 입장을 비판적으로 고려하면서, 산업에서도 과거 농업과 마찬가지로 공유지 또는 공유자산이 필수적이며 그런 공유자산이 붕괴하고 소멸할 경우 산업(제조업) 역시 무너지고 소멸하는 것이 현실이라고 말한다. 그리고 농업에서의 공유지가 마을 인근에 소재해야 농부들이 이용할 수 있듯이 산업에서의 공유지·공유자산 역시 지리적으로 가까운 곳에 위치해야 의미를 가진다고 설명한다. 이렇듯 산업 공유자산과 거리의 경제가 현실의 산업경제에서 얼마나 중요한지와 그 경제적·기술적 배경 요인을 설명하는 이 책은 기존 경제학의 비교우위론을 뛰어넘는 새로운 경제 인식의 프레임을 제공한다.

나아가 이 책의 저자들은 미국에서 연방 정부의 호소와 만류에도 불구하고 제조업체들이 아시아 등지로 제조 공장을 옮기는 주요 원인의 하나로 단기성과를 중시하는 미국 상장기업들의 기업 전략 변화short-termism와 그 배경인 주주 자본주의shareholder capitalism에 주목한다. 단기적 비용 절감을 선호하는 투자 자본이 경제를 주도하면서 미국의 대기업들은 R&D와 디자인 등 소위 핵심 역량core competence에만 집중하고 제조 부문처럼 비핵심역량으로(이 책에 따르면 이는 잘못된 인식이다) 규정된 업무는 저임금의 외부업체 또는 해외로 아웃소싱해버리게 되었다는 것이다. 미국의 경영대학원MBA과 경영계에 지배적인 패러다임으로 정착된 이러한 경영 기법과 경영 마인드가 미국 대기업들의 - 따라서 미국 경제의 - 장기적 경쟁우위를 갉아먹는 주범 중의 하나라는 것이 저자들의 판단이다.

오늘날 한국 경제 역시 제조업 쇠퇴와 함께 러스트벨트 현상을 심각하게 경험하고 있다. 우리나라 경제학자와 경제 관료들의 관점 또한 미국의 그것과 다르지 않다. 그들 역시도 지난 20년간 진전되어온 제조업 공동화 현상에 대해 '별로 걱정할 일이 아니다'라고 말해왔다. 상장 대기업들에서 단기 성과주의가 만연하고 있는 것도 미국과 비슷하다. 중국 제조업의 부상, 특히 '중국 제조 2025'로 대표되는 중국의 첨단 제조업 육성으로 인해 우리 제조업의 미래가 심각하게 위협받는 것도 비슷하다. 이 모든 것은 오늘날 우리 눈앞에서 벌어지는 제조업의 위기가 일시적 현상이 아니라 뿌리 깊은 배경에서 이루어지고 있음을 시사한다.

내가 이 책의 저자 중 한 명인 피사노Gary Pisano교수의 저술을 접한 것은 거의 20년 전의 일이다. 그는 대기업의 조직과 경영의 역사에 관한 세계적 대가인 알프레드 챈들러Alfred Chandler 교수가 하버드 비즈니스 스쿨에서 키운 제자들 중 한 명으로, 산업체들에서 기술 학습과 기술력 축적, 기술 이전 등에 관한 뛰어난 논문을 많이 썼다. 1990년대 말에 나는 우리나라의 재벌계 제조 대기업들이 과거 수십 년간 이룬 기술력 축적이 어떠한 제도적, 경제적 맥락에서 이루어졌는가를 탐구하고 있었는데, 당시 피사노와 챈들러 교수의 경제 사상과 통찰은 아주 큰 도움이 되었다.

다시 내가 피사노 교수의 저술을 접한 것은 최근의 일이다. 2018년에 나는 울산과 부산, 경남, 군산, 그리고 인천과 시화-안산 등 우리나라의 제조업 중심 지역을 둘러볼 기회를 가졌다. 그곳들은 수년 전부터 심각한 경제 위기로 인한 일자리 문제로 고통을 겪고 있는 한국판 러스트벨트 지역이다. 좋은 일자리 창출을 국정의 최우선목표로 삼은 문재인 정부의 입장에서도 특히 이들 지역에서 제조업의 쇠퇴로 인한 좋은 일자리 감소 추세가 뼈아픈 고심거리로 등장했다. 나는 우리나라가 지금 겪고 있는 제조업 쇠퇴 현상을 일찌감치 겪은 미국에서의 제조업 르네상스 전략에 관한 문헌들들 뒤져보다가 피사노 교수의 글들을 재발견하게 되었다.

문재인 대통령이 2018년 말에 제조업 르네상스 국가 전략의 수립 필요성을 언급한 이후 정부는 본격적인 제조업 혁신에 나서는 모습을 보이고 있다. 그런데 우리 실정에 맞는 제조업 르네상스 전략을 수립하고 또한 그것을 성공적으로 수행하기 위해서는 잘 설계된 명확한 국가 전략이 있어야 하고, 더구나 그 전략을 뒷받침하는 자각적 인식, 즉 새로운 관점의 경제 인식이 있어야 한다. 이 책은 미국의 제조업 르네상스 전략에 중요한 통찰과 이론을 제공한 가장 중요한 책들 중 하나였다. 미국과 비슷한 고민거리를 안고 있는 우리에게도 이 책은 올바른 해법을 향한 좋은 시사점들을 던져 주리라 믿는다.

정승일 (새로운사회를여는연구원 이사)
정책기획위원회 자문위원

미국에 제조업이 필요한가?

1950년대, 제조업은 미국 GDP의 27%를 차지했고 미국 노동 인구의 31%를 고용했다. 2010년, 이 비율은 각각 12%, 9%로 감소했다.[1] 미국인들은 이러한 추세를 걱정하고 있을까? 이 책에서 우리는 이 질문에 초점을 맞추려고 한다.

사실 "제조업이 중요한가?"라는 질문은 새로운 것이 아니다. 1980년대에 출간된 《미국의 경쟁력 회복 방안Restoring Our Competitive Edge》(하버드 대학교 로버트 헤이스Robert Hayes, 스티븐 휠라이트 Steven Wheelwright 공저)과 《제조업이 중요하다Manufacturing Matters》(버클리 대학교 존 지스맨John Zysman, 스티븐 코헨Stephen Cohen 공저) 같은 책들은 제조업 역량의 약화가 국가 경제의 건전성에 해로울 것이라고 주장했다. 그러나 1990년대의 인터넷 붐과 일본 경제의 침체는 제조업에 대한 문제 제기를 유별난 것처럼 여겨지게 했다. 미국은 연구개발R&D과 소프트웨어, 서비스 분야에서 위력을 과시하고 있었고, 인터넷은 많은 새로운 사업을 탄생시켰다. 전자업체들은 연구개발과 아시아 공급사에 대한 아웃소싱에 주력하며 호황을 누렸다. 많은 경제학자가 '탈산업사회post-industrial society'의 도래를 알리며[2] 제조업의 지속적인 쇠퇴는 해롭지 않을 뿐만 아니라 경제가 발전하는 과정에서 발생하는 건전한 증상이라고 단언했다. 제조업 부문은 계속 위축되어 100년 전 농업이 걸었던 길을 따라 서비스 같은 다른 고부가가치 분야를 위해 사용되는 '자원' 비슷한 것이 되었다.

우리는 두 가지 이유 때문에 이 문제를 다시 검토하기로 했다.

첫 번째 이유는 1990년대와 2000년대의 '좋은 시절'은 처음에 알려진 것만큼 좋지 않았기 때문이다. 이 기간 미국의 평균임금 상승은 정체되었고 무역 적자는 쌓여갔다. 생산성 증가율은 1990년대에 급등한 이후 2000년대에는 둔화되기 시작했다. 한편, 첨단기술 산업 전반에서 제조와 혁신의 무게중심이 아시아로 이동하고 있었다. 그리고 이 모든 것은 2008년의 경기 대침체 이전에 일어난 일이었다! 이는 미국이 꽤나 부담이 큰 실험을 해왔음을 우리에게 일깨워준다. 미국은 수십 년 동안 제조업 기반의 침식이 장기적인 경제 전망에 아무런 해를 끼치지 않는다고 확신하고 있었다. 우리는 이처럼 위험 부담이 높은 상황에서 이러한 억측을 검토하고 자료를 신중히 분석하는 것이 가치 있는 일이라 생각했다.

두 번째 이유는 미국 같은 경제 시스템에서 제조업의 중요성(또는 중요성의 결여)에 대한 논쟁 양측에 있는 몇 가지 왜곡을 밝히기 위해서다. 논쟁의 한쪽에서는 제조업이 일자리에 미치는 영향을 잘못 알고 있었다. '제조업 구하기saving manufacturing'는 흔히 '일자리 구하기'와 동일시된다. 그러나 미국의 노동 인구 10명 가운데 제조업에 고용된 인구는 1명도 채 되지 않으므로, 제조업이 일자리를 창출하는 커다란 산업이라고 주장하기는 어렵다. 특히 기술과 작업 공정의 발달로 인한 생산성 증가가 미국의 제조업 일자리 수가 급감한 주된 이유이기 때문이다. 다시 말해 생산성이 계속 증가할 것으로 예상한다면 (그렇게 된다면 좋을 것이다), 제조업의 생산량 급증이 미국의 고용 상황에 얼마나 큰 영향을 미칠지 상상하기란 더욱 어려워진다. 우리는 미국에 심각한 고용 문제가 생길 수 있음을 부정하지 않는다.

그러나 제조업에서 상당한 일자리가 창출될 것 같지 않다는 사실로부터 제조업이 일자리 창출과 무관하다고 결론짓는 것은 너무 성급하다. 통계는 제조업이 미국 노동력의 9%를 차지하는 반면, 미국 기업이 고용한 연구개발 인력은 150만 명으로 1%도 안 된다는 것을 보여주고 있기 때문이다.[3] 물론 1%가 안 된다고 해서 연구개발 분야가 경제의 건전성에 있어 중요하지 않다고 주장할 사람은 없을 것이다. 그러나 이 통계는 제조업이 저숙련 노동자를 필요로 하고, 세계 어느 곳에서나 쉽게 조달될 수 있는 부가가치가 낮은 상품을 제조하는 활동이라는 제조업에 대한 두 번째 오해를 초래한다. 제조업은 연구개발, 벤처캐피털 또는 대학과 달리 혁신 생태계에서 벗어나 있다는 인식이 있다. 유행을 따르는 고급용어를 사용한다고 해서 반드시 '지식 노동knowledge work'을 하는 것은 아니다. 혁신이 있는 한 제조 역량을 상실해도 좋다는 주장은 억측에 불과하다. 이러한 억측대로라면, 제조업은 미국 같은 혁신 주도형 경제에 있어 이미 한물간 것이다.

이러한 관점은 실제로 우리가 많은 제조 공정에서 지켜본 바와 일치하지 않는다. 우리는 직업 경력을 쌓아가는 과정에서 상상할 수 있는 모든 종류의 산업과 지구 곳곳에 있는 수백 개의 공장을 방문해왔다. 제조업이 혁신과 관련이 없는 저부가가치, 저숙련 활동이라는 개념은 점점 더 그릇된 통념이 되어가고 있다. 생명공학 의약품, 평면 디스플레이, 항공기 엔진, 반도체, 특수 재료, 의료기기 같은 정교한 제품을 생산하는 공장에서는 매우 복잡한 정밀 장비를 작동할 수 있는 매우 숙련된 노동자를 필요로 한다. 우리는 방문한 대부분의 공장에서 근력을 사용하기보다는 지식을 훨씬 더 많이 사용하는 노동자들을 보았다. 이제 제조업은 지식 노동이 되었다.

또한 제조업은 기술 혁신 과정과 연계되어 있지만, 이는 종종 제대로 인식되지 않는다. 이 책을 쓰는 두 명 중 한 명(개리)은 학자로서의 경력 대부분을 기술 집약적인 환경(생명공학, 의료 기기, 과학 기기, 전자 제품)에서 만들어진 제품이 연구개발 과정을 거쳐 어떻게 시장에 출시되는지에 대한 연구를 수행했다. 다른 한 명(윌리)은 실제로 제품 연구개발부터 시장 출시 단계는 물론, 미국과 멕시코, 아일랜드, 일본, 중국에서 제조 및 유통 회사의 임원을 지내며 오랜 경력을 쌓았다. 서로 대조적인 관점에서 출발한 우리는 다음과 같은 비슷한 결론에 도달했다. 제조업은 종종 혁신 과정에 매우 필수적이어서, 미국이 제조업 없이도 '혁신 국가'로 번영할 수 있다는 일반적인 가정은 위험하다는 사실이다. 실제로 제조업은 우수한 대학, 뛰어난 연구개발, 활기찬 벤처 자금만큼 혁신 생태계에 중요하다. 제조업 역량의 상실은 미국인들을 매우 걱정에 빠뜨릴 것이다.

문제는 이러한 제조업에 대한 잘못된 편견들이 종종 기업의 잘못된 결정이나 정부의 잘못된 정책을 초래한다는 사실이다. 예를 들어 우리는 기업들이 미래의 혁신 역량에 미칠 부정적인 영향을 고려하지 않고 제조 과정을 아웃소싱하는 사례를 자주 보았다. 광범위한 분야를 지원하는 미국의 제조업 역량을 심화시킬 수 있는 기초 및 응용 연구에 대한 투자의 잠재적인 가치를 정부 정책 입안자들이 무시하는 경우도 보았다. 우리는 이 책에서 기업들의 잘못된 결정과 부적절한 정부 정책의 결합이 산업 전반에 걸쳐 혁신을 지원하는 일련의 제조 및 기술 역량을 담당하고 있는 미국의 '산업 공유지industrial commons'를 약화시키는 결과를 초래한다고 주장하려 한다.

이 책의 목표는 제조업이 국가 경제에 미치는 중요한 시기와 상황에 대해 재계 리더와 정부 정책 입안자들 모두에게 알리는 것이다. 우리는 미국에서 제조업이 혁신 과정의 필수 요소로 중요한 역할을 한다고 보고 있으며, 언제 그리고 어떤 상황에서 그렇게 작용하는지 식별하는 데 도움이 되는 몇 가지 틀을 제공할 것이다. 모든 제조업 분야가 반드시 혁신에 필수적인 요소라고 말하려는 것은 아니다. 미국 내 모든 제조업을 구하자고 주장하는 것도 아니다. 미래의 혁신을 위해 중요한 기반을 제공하는 지역에 제조업 역량을 구축해야 한다는 이야기이다.

우리는 오직 미국의 관점에서 이 책을 썼다. 이 책은 미국의 산업 공유지 감소와 그 이유, 미국의 재계 리더와 정부 정책 입안자들이 이 상황을 역전시키려면 무엇을 해야 하는가에 초점을 맞추고 있다. 그러나 제조업에 대한 질문은 결코 미국에만 국한되지 않는다. 거의 모든 선진 공업국의 제조업 분야는 중국이나 인도 같은 산업화가 급속하게 이루어진 국가들과 경쟁하면서 크게 압박을 받고 있다. 영국,

프랑스, 이탈리아, 덴마크, 일본, 심지어 독일의 정책 입안자들도 자신의 국가에서 제조업이 미래에 맡을 역할이 무엇이어야 하는지에 대해 고민하고 있다. 그리고 놀랍게도 대만이나 한국 같은 비교적 최근에 등장한 제조업 강국들에서도 전자 제품 제조 분야에서 중국과 경쟁하면서 정책 입안자들이 "제조업이 중요한가?"라는 자문을 하고 있다. 이러한 국가들이 직면하고 있는 정책 이슈에 대한 고찰은 이 책에서 우리가 다룰 수 있는 범위뿐만 아니라 우리가 가진 전문 지식의 범위를 훨씬 넘어서는 일이지만, 우리는 미국이 아닌 다른 국가의 독자들도 이 책의 내용이 자신의 국가 상황과 유사하다는 것을 알게 되기를 바란다.

이 책의 구성은 다음과 같다.

1장에서는 우리가 다루려는 기본 주제와 주장을 제시한다. 또한 지난 수십 년 동안 미국의 경제성과에 대한 자료를 인용하여 '거울에 비친 미국의 모습'을 낱낱이 보여준다. 이들 자료에는 걱정스러운 현재 상황이 담겨 있다. 이를 통해 제조업의 실적 하락이 소위 전통적인 분야에만 국한된 것이 아니라 미국 경제력의 전통적인 보루로 간주되어온 기술집약적 분야로까지 확대되었음을 알 수 있다.

2장은 '경쟁력'에 대해 폭넓게 논의하면서 우리의 주장을 내놓는다. 많은 논의가 있었지만 경쟁력이라는 개념은 매우 모호하다. '경쟁력'을 잃는다는 것은 미국에 있어 어떤 의미일까? 그리고 경쟁력은 왜 경제적 번영을 위해 중요할까? 이 장에서는 이러한 문제를 검토한다.

3장은 한 산업의 운명이 다른 산업과 어떻게 연계될 수 있는지 검토한다. 연계는 업계에 초점을 맞춘 전통적인 경제 통계에서 종종 누락되는 경우가 있다. 그러나 모든 산업에는 기본적으로 일련의 기술 및 운영 역량이 있으며, 그중 일부는 기업 간 또는 업계 간에 공유된다. 이러한 공유 역량은 우리가 앞서 지칭한 '산업 공유지'를 형성한다. 공유지는 공급업체, 고객사, 파트너, 숙련 노동자 및 대학 같은 지역 기관을 포함한다. 공유지는 공유 역량에서 나오는 업계가 지닌 경쟁력의 원천이다. 산업 공유지라는 개념은 어떻게 장소가 일부 기업에 이점을 제공하는지 설명하는 데 도움이 된다.

4장에서는 산업 공유지에 있어 제조 역량의 역할을 살펴본다. 특히 혁신을 촉진하기 위해 제조와 연구개발을 언제 함께 배치해야 하는지에 대한 문제를 검토한다. 이번 장은 연구개발과 제조의 코로케이션co-location을 바람직한 것으로 만드는 매우 구체적인 조건을 식별하는 틀을 제공한다. 이러한 조건은 혁신 기반 경제와 기업에 제조업이 중요한 시점을 식별하는 데 도움이 된다.

5장에서는 앞선 장에서 다룬 내용을 바탕으로 미국 산업 공유지의 흥망을 분석한다. 이 장에서는 정부와 민간 기업이 역사적으로 미국 산업 공유지 형성에 기여한 바와 쇠퇴에 미친 역할을 주요하게 다룬다.

6장은 재계 리더와 기업들이 공유지를 되살리기 위해 할 수 있는 일과 해야 할 역할에 초점을 맞추고 있다. 우리가 촉구하는 것은 경제적인 애국심이나 사회적 책임에 대한 호소가 아니다. 우리는 기업들이 지역 산업 공유지에 투자해야 한다고 주장한다. 그러면 그것으로 인해 경쟁우위를 확보할 수 있기 때문이다. 우리는 기업들이 전략적으로 공유지에 가치 있는 투자를 하지 못하게 하는 많은 경영 방식과 접근 방식을 보여줄 것이다.

7장은 정부 정책에 대한 제안에 초점을 맞추고 있다. 우리는 미국 정부가 제조업을 위한 일관된 국가 경제 전략을 개발할 것을 요구한다. 그러나 우리는 보호무역주의나 특정 산업에 대한 표적 지원 같은 제조 경쟁력 향상을 위한 흔하고 일반적인 제안은 강력하게 거부한다. 그 대신 우리는 제조업을 위한 경제 전략은 기초과학 및 응용과학 연구를 통한 광범위한 역량 구축, 그리고 오늘날의 제조업에 필요한 전문 인적 자본에 대한 투자라는 두 가지 요소에 초점을 맞추어야 한다고 주장한다.

차례

1장

거울에 비친
미국의 모습,
그리고 미래의 모습

+
−
×
÷

2008년의 금융 위기와 뒤이어 일어난 경기 대침체는 미국 경제에 심장마비가 일어난 것과도 같았다. 이를 완전히 예상하지 못한 것은 아니었지만 워낙 순식간에 들이닥치는 바람에 불확실성과 두려움을 낳았다. 일단 미국이 위기에서 살아남을 것이 분명해지자, 사람들의 관심은 미국 경제가 건강을 빠르게 되찾기 위해서는 어떻게 간호해야 할까, 또 다른 경제적 심장마비를 예방하려면 어떤 대비를 해야 할까 등으로 빠르게 바뀌었다. 또 다른 금융 붕괴를 막기 위해 필요한 개혁과 규제 변화, 성장을 촉진하고 실업률을 낮추기 위한 올바른 정부 정책(특히 재정·예산 정책)에 대한 많은 글과 책이 출간되어 이 문제를 다루었고 많은 토론과 논의가 이루어졌다. 하지만 또 다른 심장마비를 예방하여 경제를 일으키는 것과 세계적인 수준의 경쟁을 감당할 수 있을 정도로 건강해지는 것에는 큰 차이가 있다. 정작 2008년에서 2010년까지 일어난 경기 대침체의 원인과 결과에 대한 논쟁에서 빠진 것은 미국이 21세기의 경제 성장을 견인하는 데 필요한 기술과 해당 분야에서 경쟁우위를 잃고 있다는 사실이었다.

지난 수십 년 간 다른 나라들이 훨씬 더 나은 경쟁력을 갖추어 가는 동안, 미국인들은 최첨단산업 분야를 혁신하고 지배할 수 있는 능력이 미국이 가진 비장의 무기라는 통념에 위로받고 있었다. 우리는 중국이나 인도 같은 신흥 국가들이 저부가가치 산업이나 저임금 분야를 장악할 수도 있지만 이는 사실 건강하고 괜찮은 것이라고 들어왔고 그동안 미국의 번영은 반도체, 컴퓨터, 복합 장비Complex Equipment, 항공기 같은 최첨단 기술 노하우를 요하는 분야를 지배함으로써 보장된다고 알고 있었다. 그리고 미국의 보다 유연하고 기업가 중심인 경제 체제는 앞으로도 선두를 유지할 것이고 미래의 혁신 분야도 지배할 것이라는 것이 미국 사회의 통념이었다.

그러나 이러한 통념은 더 이상 현실을 반영하지 않는다. 평면 디스플레이, 고급 배터리, 기계 공구, 금속 성형(캐스팅, 스탬프, 콜드 포징), 정밀 베어링, 광전자공학, 태양광, 풍력 터빈 등 여러 분야에서 현재 다른 국가들이 선두를 달리고 있다. 그리고 미국이 지배력을 가지고 있던 생명공학, 항공우주, 최첨단 의료 기기 및 기타 첨단 분야의 우위가 위협받고 있다.

기업 전략, 경영 방침 및 정부 정책이 결합되어 국가의 '산업 공유지'를 침식했다. 즉, 다양한 산업에서 성장과 혁신의 토대를 제공하는 기업과 대학, 그리고 기타 조직들에 내재된 연구개발, 제조 인프라, 노하우, 공정 개발 기술, 그리고 엔지니어링 역량들이 점차 약화되어왔다.[1]

이는 제조업이 쇠퇴해도 서비스와 다른 지식 기반 부문들의 격차로 인해 선진국 경제가 계속 번영하고 성장할 수 있다는 가설을 바탕으로 한 거대한 경제 실험의 결과이다. 이에 따르는 위험은 어마어마 하다. 이런 탈산업화 과정은 수십 년 동안 진행될 수 있다. 만일 '제 조업은 중요하지 않다'라는 가설이 틀렸다는 것이 드러나면 (그런 일이 정확히 앞으로 일어날 일이라는 것이 우리의 생각이다), 미국(그리고 같은 실험 을 하고 있는 다른 나라들)은 큰 문제에 부딪히게 될 것이다.

이 책의 목적은 재계와 정부의 리더들이 너무 늦기 전에 탈산업화 의 거대한 실험을 포기하도록 설득하는 것이다. 우리는 산업 공유지 가 선진 경제에 중요하다는 주장을 증거와 함께 제시하고, 미국에서 산업 공유지가 쇠퇴한 근본 원인을 살펴보면서 그러한 쇠퇴를 역전 시키기 위해 무엇이 필요한가에 대한 아이디어를 제안하려고 한다.

거울에 비친 미국의 모습

미국의 경쟁력에 문제가 있다는 가설은 이상하게 들릴지도 모른다. 경쟁력은 정책 입안자들, 기업체 임원들, 학자들이 히타치, 소니, 도 요타 같은 일본 기업들에 경외심을 가졌던 1980년대의 쟁점이었다.[2] 1990년대 중반, 일본 경제가 거의 20년 가까이 지속된 경기 침체에 빠져들고 인터넷과 IT 혁명으로 불붙은 미국 경제가 빠르게 앞으로 치고 나가면서 경쟁력에 관한 이슈는 시대에 뒤떨어진 것처럼 보였 다. 미국은 다시 정상을 차지했고 일본은 무릎을 꿇었다.

하지만 자료는 우리가 너무 일찍 승리를 선언했음을 보여준다. 미 국의 무역 수지부터 살펴보자. 무역 수지는 경쟁력을 대략적으로 측정할 수 있는 척도이다. 물론 달러의 평가절하로 무역 수지가 개선될 수는 있지만, 실질 임금 및 실질 생활수준을 낮출 수 있기 때문에 긍정적인 결과라고 할 수 없다. (지난 10년 동안 미국의 주요 무역 상대국의 통화 대부분에 비해 달러 가치가 하락했다.) 또한 중국 같은 국가들과의 무역 수지는 글로벌 공급망의 복잡성으로 인해 더욱 조심스럽게 해석될 필요가 있는 것도 사실이다. 미국은 1960년부터 총 무역 적자(총 수출액-총 수입액)가 크게 증가해오고 있다. 그림 1.1은 2010년까지 GDP 대비 무역 적자의 크기를 보여준다.

엄청난 무역 적자는 미국이 1970년대에 최대 채권국에서 최대 채무국이 된 이유이다. 그림 1.2는 서비스업과 제조업이라는 두 가지 기본적인 경제 분야에서 미국 경제의 무역 실적을 보여준다.

이들 자료에 따르면 미국의 전체적인 무역 적자는 제조업 경쟁력 하락이 주된 원인으로, 서비스업 수출의 증가액으로도 상쇄하지 못할 정도의 규모였다. 제조업 제품이 세계 무역의 75%를 차지하고 있다는 사실에 비추어 보면, 미국이 큰 규모의 서비스업 흑자로도 제조업 무역 적자를 상쇄할 수 없다는 것을 이해하기 어렵지 않다.[3] 제조업(80%)과 서비스업(20%)이 무역에서 각각 차지하는 비중은 1980년대 후반 이후 비교적 일정했다. 서비스업은 성격상 현지 생산을 요하는 경향이 있어, 수출하기가 더욱 어려웠다. 이는 디지털화로 인해 변화되기 시작했지만, 이것이 미국의 무역 균형에 도움이 될지는 두고 봐야 한다. 디지털화는 미국이 일부 서비스업(투자 은행, 컨설팅 등)을 더 많이 수출할 여지를 가지고 있음을 의미하지만, 현재 미국에서 제공되는 다른 많은 서비스업(회계, 데이터 처리, 의료 진단 및 엔지니어

그림 1.1 미국의 GDP 대비 무역 적자 비중

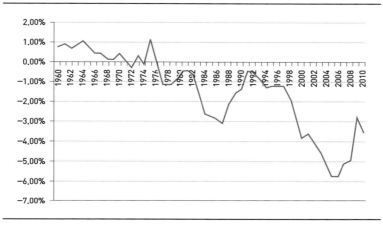

출처: 미국 경제분석국, 국민소득계정 표 1.15, (2012년 1월 27일. 최종 수정)

그림 1.2 제조업 제품과 서비스업의 미국 무역 수지 비교

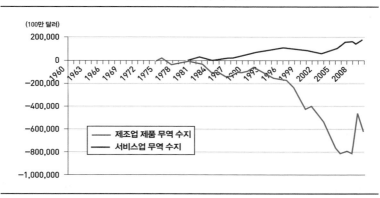

출처: 미국 경제분석국 자료에서 계산, 미국 국제거래계정 표1, (2011년 12월 15일.)

그림 1.3 첨단기술 제조업 부문에서의 무역 수지(1998~2010년)

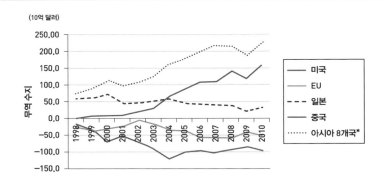

(10억 달러)

* 아시아 8개국에는 인도, 인도네시아, 말레이시아, 필리핀이 포함되어 있다.

출처: 미국 국립과학재단, 〈과학 및 공학 지표 2012〉의 그림 O-37을 토대로 한 저자의 분석 자료.

링 분석 등)이 해외에서 저가의 비용으로 제공될 수 있음을 의미하기
도 한다. 따라서 서비스업 수출 급증이 미국을 구할 것이라는 믿음
은 지나치다.

물론 미국 제조업의 경쟁력 하락은 어제오늘의 일이 아니다. 수십
년 동안 많은 전통적인 제품들(섬유, 신발, 의류, 가구 등)과 중공업 제
품들(철강, 조선, 화학제품 등)의 생산은 고비용 구조의 선진국에서 신
흥 경제국으로 옮겨졌다. 1970년대와 1980년대에 벌어진 이러한 산
업들의 쇠퇴가 미국에서 상당한 경제적 혼란을 야기했을 때, 낙관
론자들은 이것이 기술집약적인 분야로의 건전한 전환이라며 경제의
역동성과 높은 성장, 임금 상승의 효과를 가져올 거라고 환영했다.
적어도 초기에는 그들의 견해가 일리 있는 것처럼 보였다. 미국은 역
사적으로 첨단기술 부문에서 건전한 무역 흑자를 내왔다. 그러나 이

러한 견해는 가장 최근의 미국 국립과학재단NSF 보고서인 〈과학 및 공학 지표 2012〉가 수집한 데이터와 상반된다.[4] 그림 1.3은 미국 국립과학재단이 기술집약적 분야로 꼽은 컴퓨터 및 사무기기, 통신 및 반도체, 과학기기, 의약품, 항공기 분야에서 1998~2010년 동안 미국과 기타 국가의 무역 수지를 비교해서 나타낸 것이다.

미국의 경쟁력 문제는 수출을 촉진하고 수입을 억제하는 중국의 정책에서 기인한 것으로 인식되기도 한다.[5] 중국의 정책이 큰 영향을 미쳤을 수도 있지만, 그림 1.3은 이 문제가 중국 때문만이 아니라는 것을 보여준다. 아시아 8개국 역시 첨단기술에서 상당한 무역 흑자를 내고 있기 때문이다.

미국이 첨단기술 분야에서 차지하는 입지에 대한 추가적인 통찰은 총 수출액에서 첨단기술 수출이 차지하는 비중 변화를 다른 나라의 데이터와 시간의 변화에 따라 비교함으로써 얻을 수 있다. 만약 미국이 기술 강국이라면 기술집약적인 제품의 수출이 전체 수출에서 차지하는 비중이 상대적으로 높을 것이라 예상할 수 있다. 그림 1.4는 1992년과 2009년에 기타 국가들의 총 수출액 중 첨단기술 수출이 차지하는 비중에 대한 세계은행의 데이터를 보여주고 있다.[6]

1992년의 데이터를 살펴보면(조사된 모든 국가에서 일관된 데이터를 이용할 수 있는 첫 해) 첨단기술이 미국 수출의 33%를 차지한다는 것을 알 수 있다. 이는 모든 국가 중 가장 높은 비율이다. 다음으로 이에 근접한 국가는 일본과 영국이다. 첨단기술은 중국 수출의 6%에 불과하다. 2009년 데이터를 보면 상황이 상당히 바뀌었다. 미국의 첨단기술 수출은 영국, 프랑스와 같은 수준으로 전체 수출량의 23%로

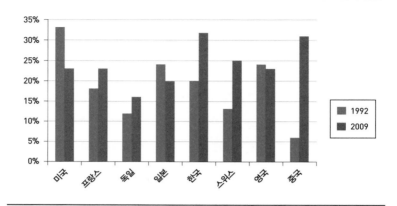

그림 1.4 총 수출액 중 첨단기술 수출이 차지하는 비중

출처: UN Commodity Trade Statistics Database ; 세계은행, 세계 개발 지표
www.data.worldbank.org/indicator/TX.VAL.TECH.MF/ZS/country

감소했다. 선진국들 가운데 프랑스, 독일, 스위스에서는 기술집약적 분야의 수출이 증가했다. 그리고 중국의 첨단기술 수출은 전체 수출의 31%까지 치솟았는데, 유일하게 한국이 중국을 앞서는 수준이었다. 이는 중국이 전통적인 저숙련, 저부가가치 상품들을 수출하는 단계를 훨씬 뛰어넘었으며, 미국이 경제를 이끌어 나가기 위해 필요한 산업들의 세계가 훨씬 더 경쟁적인 곳이 되었음을 분명히 보여준다.

　모든 데이터가 그렇듯 이들 데이터는 역사적인 관점에서 상황을 보게 한다. 이 데이터를 통해 미래의 성장을 견인하는 산업에서 경쟁하는 미국의 역량에 대해 많은 것을 알 수는 없다. 그러나 첨단기술에 필요한 상당한 노하우와 인프라가 이미 해외, 특히 아시아로 이동했기 때문에 미국이 주요 첨단 산업에서 경쟁하는 데 어려움을 겪을 수 있다는 징후가 이미 나타나고 있음을 알 수 있다. 태양광 발전(태양전지)이 그 적절한 사례이다.

미래의 모습 : 태양전지의 경우

태양전지Photovoltaic (PV) cells는 벨 연구소에서 발명되어 미국 내에서 근본적으로 많은 개선이 이루어지며 상용화되었다.[7] 미국의 대학들, 미국 국립 재생에너지 연구소NREL, National Renewalable Energy Laboratory 같은 국립 연구소 및 RCA, 보잉Boeing, 아르코Arco, IBM, 베리안Varian 등의 미국 기업들은 효율성 높은 태양전지를 설계한 선구자들이었다.

최근 몇 년 사이에 전 세계적으로 태양전지 수요가 급증했다. 전 세계의 전력 생산능력은 2007년부터 2008년까지 152% 증가했으며, 2008년부터 2009년 사이에 추가로 75%나 증가했다.[8] 최초의 태양전지 장비는 미국에서 발명되었지만, 오늘날 미국의 태양전지 생산량은 상대적으로 줄어들었다. 미국 국립 재생에너지 연구소에 따르면 2008년 기준으로 세계 태양전지 생산량의 27%는 유럽, 27%는 중국, 18%는 일본, 12%는 대만에서 생산되고 있으며, 단지 6%만이 미국에서 생산되고 있다. 태양전지를 생산하는 세계 상위 10개 업체 중 퍼스트 솔라First Solar 한 업체만이 미국 기업이고, 이 기업의 전지마저도 미국, 독일, 말레이시아 공장에서 분산 생산되고 있다. 나머지 상위 생산 기업 대부분은 아시아 기업이다.

미국 국립 재생에너지 연구소의 2008년 태양열 기술시장 보고서에 따르면, 1999년부터 2004년까지는 태양전지 및 모듈 수출이 수입을 크게 초과했지만, 2005년이 되면 수출과 수입이 균형을 이룬다. 미국 통계국 자료는 2007년에 수출과 수입이 역전되었고, 2009년에는 2억 3,500만 달러의 적자를 기록했음을 보여주고 있다.[9]

대다수의 기초 기술이 미국에서 발명되었는데도 왜 미국은 태양전지 생산에서 뒤처져 있을까? 한 가지 이유는 태양전지 생산이 마이크로 전자공학 같은 많은 공정 기술을 활용하는 산업이기 때문에 샤프, 교세라Kyocera, 산요 등 아시아 기업들이 재료와 반도체 분야의 전문성과 전자산업과의 근접성을 활용할 수 있었기 때문이다. 또한 아시아의 제조업체들은 태양전지를 모듈(주택의 지붕에 설치하는 장치)에 넣기 위한 핵심부품을 공급하는 업체들과 가까운 곳에 있다는 장점이 있었다. 우리의 연구에 포함된 한 인도 회사의 공급업체 목록에서 보듯이 거의 모든 핵심부품들은 아시아에서 조달됐다.

태양전지 및 모듈을 위한 핵심부품 기술 공급업체의 대부분이 아시아에 위치해 있다는 사실은 놀라운 것이 아니다. 이들 기술 대부분이 반도체, 평면 패널 디스플레이, LED, 고체 조명, 광학코팅 등과 같은 다른 산업들과 공유되어 있다. 따라서 미국에 태양전지 공장을 설립하려면 아시아에는 없는 장애물(공급업체 인프라의 부족)을 극복해야 한다. 미국이 이러한 장애물을 극복하기 위해 노력한 한 가지 방법은 지원금을 통해서이다. 예를 들어, 에버그린 솔라Evergreen Solar는 매사추세츠주 연방정부로부터 5,800만 달러를 지원받았다. 하지만 이런 지원에도 불구하고 에버그린은 경쟁력 있는 생산을 할 수 없어 2011년 초에 매사추세츠에서의 생산을 중단하고 남은 생산시설을 아시아로 이전하겠다고 발표했다.[10]

태양전지의 경우가 유일한 사례는 아니다. 표 1.1은 미국 내에서 사라졌거나 빠르게 사라지고 있는('멸종 위기종'이라고 할 수 있는) 산업 역량들 중 일부를 나타낸다.

이 모든 기술들은 태양전지와 마찬가지로 미국에 그 뿌리를 두고 있다. 많은 기술들이 미국의 대학에서 발명되었다. 정부는 자금을 지원했고, 기업이 이 기술들을 상용화했다. 그리고 태양전지처럼 이러한 많은 기술들은 상당한 성장 잠재력을 가진 산업들을 이루는 중요 구성 요소들이다. 충전식 배터리는 에너지를 효율적으로 운송하는 핵심적인 기술이다. 공작기계는 방어, 항공우주 및 자동차 산업에 매우 중요하다. LED는 차세대 조명 에너지 효율에 중요한 역할을 한다.

이 장의 시작 부분에서 논의했듯이 일부 경제학자들은 우려할 이유가 없다고 생각한다. 그들의 관점에서 미국 제조업의 쇠퇴는 서비스와 혁신을 중심으로 한 지식 기반 경제를 향해 가는 자연스럽고 건강한 발전과정의 산물이다.[11] 미국인들이 첨단기술 제품을 저렴한 가격에 사서 이용하는 편익을 누릴 수 있다면, 아시아에서 첨단기술 제품이 생산되는 것이 괜찮다는 생각이다. 이러한 관점에 따르면 결국 설계에서 부가가치가 생기기 때문에 미국이 연구개발과 설계를 수행하는 한, 다른 곳에서 제조되더라도 경제적으로 문제가 되지 않는다. 물론 일부 제조업 부문은 저임금 국가로 옮겨갈 수도 있지만, 더 숙련된 기술을 필요로 하고 더 높은 임금을 지불해야 하는 다른

표 1-1 사라졌거나 사라질 위험에 처한 미국의 산업 역량들

사라졌거나 위험에 처한 산업 역량	도대체 무슨 일이?
초고강도 단조	가압 단조란 원자로나 증기발생기 같은 고강도 대형 구조물을 만드는 방법이다. 원자로의 외부 용기는 무게가 500톤 이상 나갈 수 있으며, 일반적으로 매우 큰 7개의 용기로 구성된다. 아레바Areva 3세대 혁신 발전로는 각기 500톤의 무게인 4대의 증기발생기를 사용한다. 이는 제강소에서 각각 500~600톤의 잉곳ingot, 주괴을 생산해야 한다는 의미이다. 미국 제강소들이 이처럼 거대한 잉곳 생산을 멈추면서 미국은 40년 전에 대형 단조 산업을 포기했다. 현재 일본, 한국, 중국, 프랑스, 러시아만이 대형 단조를 생산한다.a
공작기계 : 금속 절단	1990년부터 2009년까지 전체 금속 가공 기계 출하량 43% 감소, 금속 절단 40% 감소, 그라인딩 및 폴리싱 머신 62% 감소, 선반기계 43% 감소, 스테이션 유형 기계 77% 감소, 펀칭기 및 전단기, 벤딩기 및 성형기, 압착기, 단조기 및 기타 금속 성형기가 포함된 전체 금속 성형 51% 감소
영구자석 전기모터 및 제너레이터 (전기 드라이브)	소형 고성능 트랙션 모터 및 영구자석 제너레이터에 사용되는 네오디뮴-철-보론NeFeB 자석과 영구자석 제너레이터가 혁신을 주도하고 있다. 영구자석 공급업체 10~12곳 중 8~10곳이 중국에 있으며 미국에는 없다.b
희토류 원소: 희토류를 이용한 장치의 정화 및 제작	희토류의 정련은 몰리코프Molycorp의 마운틴패스Mountain Pass 광산 폐쇄로 인한 생산 공장의 중국 이전과 함께 미국에서 더 이상 이루어지지 않고 있다. 이에 따른 연쇄적인 영향은 공유지의 파괴를 보여주는 완벽한 사례이다. 이는 앞의 항목인 영구자석과 마찬가지이지만 그 영향의 범위가 더 넓다.c
충전식 배터리	이 시장은 한국, 일본, 중국 제조업체들이 주로 차지하고 있다. 주된 이유는 리튬이온 배터리에 대한 고객 솔루션에 있어 이들 업체의 전문성이 뛰어나기 때문이다. 아시아 태평양 지역은 모든 전자 부품을 위한 제조 허브이며 하이브리드 전기차(HEV) 및 플러그인 하이브리드 전기차(PHEV)용 배터리의 대규모 생산에 필요한 모든 지원 인프라를 갖추고 있다. 북미와 유럽연합은 비싼 니켈과 코발트를 값싼 망간화합물로 대체한 리튬이온 인산염 배터리를 생산하는 아시아 태평양 지역 제조업체들과의 치열한 경쟁에 직면해 있다. 이들 제조업체

	들은 나노섬유 전극 등 첨단소재 투자를 통해 리튬이온 배터리에 대한 전문성을 강화하고 있다.
디스플레이 및 조명 에너지 효율을 위한 LED 제조	2010년 1분기 전 세계 LED 10대 생산업체 중 미국에서는 단 한 개(크리Cree)만이 세계 시장 점유율 6.7%로 5위를 차지했다. 중국, 대만, 한국의 성장은 가속화되고 있다. LDK 솔라LDK Solar 같은 중국 회사들은 청색 및 흰색 질화갈륨GaN LED의 표준 재료인 사파이어 기판 생산으로 확장해 가고 있다.
반도체 제조(파운드리 서비스)	전 세계 반도체 파운드리 공장 생산 용량의 70%가 대만에 있다.
LCD 디스플레이	세계의 모든 평면 디스플레이 공장은 한국, 대만, 일본, 중국에 위치해 있다.
정밀 유리	정밀 유리 제조는 일본이 주도하고 있는 가운데, 중국에서 급속히 발전하고 있다. 일부 역량은 여전히 독일이 보유하고 있다.
갈륨비소GaAs 레이저 다이오드를 포함한 광섬유 부품	통신장치용 전자장치 공급망의 핵심부품으로 이들 주요 부품의 제조는 대부분 중국에서 현지화되어 이루어졌다.

a. Joel S.Yudken, "Manufacturing Insecurity: America's Manufacturing Crisis and the Erosion of the U.S. Defense Industrial Base," report prepared for the Industrial Union Council, AFL-CIO, September 2010.
http://www.highroadstrategies.com/downloads/DefIndustrial-Base-Report-FIN.pdf.
b. Gordon Graff, "Remaking the Magnet; Supermagnets: More Pull, Less Weight," New York Times, March 30, 1986; James Areddy, "Rare Earths Stay Hot,"Wall Street Journal, March 23, 2011; and Joel S.Yudken, "Manufacturing Insecurity."
c. "Beijing Cuts Rare-Earth Quotas," Wall Street Journal, December 29, 2010.

부문들이 그 자리를 대신하기 위해 등장할 것이라는 의견이다.

이 책에서 우리는 이러한 관점에 심각한 결함이 있다고 주장한다. 데이터는 일관되게 놀라운 사실을 보여주고 있다. 정교한 기술과 상당한 성장 잠재력을 바탕으로 한 제품에 관한 한, 미국의 경쟁력은 약화되고 있다. 현재의 엄청난 무역 적자가 하나의 신호이다. 더욱 걱정스러운 것은 이러한 추세들이 더 깊은 곳에 자리 잡은 문제들을 나타내는 증상이라는 점이며, 이는 잠재적으로 심각한 결과를 초래할 수 있다. 복잡한 제품과 시스템을 제조하는 기술 및 운영 역량은 혁신으로부터 가치를 창출해 내는 국가적 역량과 밀접하게 관련되어 있다. 제조업과 혁신은 동일한 '산업 공유지'를 공유한다.

산업 공유지의 침체

과거에 농부들과 마을 사람들은 그들의 가축을 모든 사람들이 사용할 수 있는 지역 목초지인 '공유지the commons'에 데려왔다. 공유지는 공동체에 대단히 중요한 자원이었다. 공유지가 지역 농업 경제의 토대가 되는 가축들에게 영양을 공급했기 때문이다. 공유지가 남용되거나 방치되어 황폐해지면 모든 사람들이 고통을 받았다. 모두가 건강한 공유지를 통해 이익을 얻었기 때문에 공유지를 돌보는 것은 개인의 책임이 아니었고, 모두가 관심을 가지고 공유지를 관리했다.[12]

비록 수세기 전의 단순한 녹색 공유지보다 훨씬 더 복잡하긴 하지만, 현대 산업에도 '공유지가 있다. 오늘날의 산업 공유지는 기술 노하우, 경영 능력, 전문적인 기술을 갖춘 노동력, 경쟁사, 공급사, 고객사, 협력 연구개발 벤처, 대학으로 이루어져 있으며 종종 여러 산업 분야를 지원하고 있다.

산업 공유지가 영리기관인 민간 기업들에 의해 주로 지원됨에도 불구하고, 이들 기업이 생산한 지식은 한 기업에서 다른 기업으로의 인력 이동, 공급사와 고객사 간 협력, 공식 및 비공식적 기술 공유,

그리고 경쟁사의 공공연한 모방을 통해 업계 전반에 퍼져 나간다.

오늘날 '평평한 세상'에 대한 많은 이야기가 있긴 하지만, 사실 노하우와 역량은 종종 매우 지역적이다.[13] 산업 공유지가 지역적 특성을 가질 수 있다는 의미다. 그 결과 일부 지역에 위치한 기업들은 노동자, 엔지니어, 경영 능력, 공급사, 대학을 적극 활용할 수 있기 때문에 다른 기업들에 비해 이점을 가진다. 앞에서 언급한 태양전지 산업이 한 예이다. 이 책 전반에 걸쳐 우리는 산업 공유지가 어떻게 산업의 입지와 혁신을 강력히 견인할 수 있는지(그리고 반대로 산업 공유지가 부재할 때 어떻게 깊은 수렁을 만드는지)를 증거와 함께 설명할 것이다.

난투극이 벌어지는 국제 경쟁의 무대에서 어떤 산업들은 나타났다가도 금방 사라질 수 있다. 때로는 고통스럽지만 사실 이는 자원이 가장 생산적인 용도로 흘러가는 건강한 과정이다. 하지만 산업 공유지가 무너진다는 것은 더 근본적이고 체계적인 문제가 있음을 의미한다. 미래의 혁신 분야가 세워질 수 있는 토대가 무너지는 것이기 때문이다. 반도체 부문이 1980년대에 아시아로 넘어갔을 때, 평면 디스플레이, 고체 조명, 태양전지 같은 고부가가치 전자 제품 생산에 필요한 산업 공유지를 이루는 전자재료 처리, 증착 및 코팅, 정밀테스트와 조립 역량 같은 모든 역량들의 주도권도 함께 넘어갔다.

우리는 이 책에서 산업 공유지 흥망의 바탕에 깔려 있는 역학을 살펴볼 것이다. 우리의 주장은 세 가지 핵심 주제를 중심으로 이루어진다.

주제 1: 한 국가가 제조 역량을 잃으면 혁신 역량을 잃는다

혁신과 제조업은 경제적 스펙트럼의 양 끝에 있는 것처럼 인식되곤 한다. 혁신은 머리를 쓰는 지식 노동으로 고숙련 및 고임금 노동자를 필요로 하며 창의적이고 깨끗한 일이고 고부가가치의 특제품을 생산하지만, 제조업은 몸을 쓰는 물리적 노동으로 저숙련, 저임금 노동자를 필요로 하며 단조롭고 지저분한 일이고 저부가가치의 일용품을 생산한다는 대조적인 인식을 말한다.

이와 같이 제조업을 바라보는 생각은 근거 없는 통념이며, 혁신 과정의 작동 방식, 연구개발과 제조 사이의 연관성에 대한 깊은 오해에서 비롯된다. 연구개발은 혁신 과정에서 중요한 부분을 차지하지만 그게 다는 아니다. 혁신은 구상에서 시작해 고객의 손에 이르기까지 아이디어를 실현해 옮기는 것이다. 일부 매우 복잡한 제품(예를들어 평면 디스플레이, 태양전지, 생명공학 약품 등)의 경우, 연구개발에서 생산에 이르기까지 매우 복잡한 과정을 거치며, 개발사 측과 제조사 측 간의 대단히 긴밀한 조정과 학습의 전이transfer of learning가 요구된다. 생산 환경을 이해하지 못한다면 제품을 개발하는 데 어려움을 겪을 것이다. 이런 환경 문제야말로 연구개발과 생산 시설이 가까운 입지에 있어야 하는 강력한 이유이다. 엔지니어가 문제를 해결하려고 지구 반 바퀴를 비행하는 것보다는 길 건너편 공장까지 걸어가거나 차를 몰고 가는 것이 훨씬 더 쉽다. 이것이 반도체 및 태양전지 장비 선두업체인 어플라이드 머티리얼스Applied Materials 같은 미국 기업이 최고기술책임자를 미국에서 중국으로 보낸 배경이다.[14] 대부분의 대형 고객사들이 현재 중국, 대만, 한국에 있기 때문에 자사의 장비를 사용하는 공장들로부터 가까운 곳에서 연구를 하는 것이 이치에 맞다. 또한 어플라이드 머티리얼스는 현재 생산시설 대부분을 아시아로 이전하고 있다. 4장에서는 연구개발 부문과 제조업 부문이 서로 가까운 곳에 있는 것이 어떤 경우에 중요한지 혹은 그렇지 않은지 그 경우를 가늠할 수 있는 틀을 제시할 것이다.

주제 2: 산업 공유지는 성장을 위한 플랫폼이다

산업 공유지에 대한 관점은 어떤 한 분야의 기업 경쟁력 하락이 다른 분야의 기업 경쟁력에 영향을 미칠 수 있음을 의미한다. 업계와 업계에 영향을 끼치는 역량 있는 공급사들은 서로를 필요로 한다. 주요 산업이 죽으면 공급사들은 오래 살아남지 못할 것이고, 그런 공급사들에 의존하는 지역 내 다른 산업들 또한 위험에 처할 것이다. 자동차 산업이 쇠퇴하면 중장비, 과학기기, 첨단소재 등과 같은 산업에서도 사용되는 역량(주물, 정밀기계 등)들이 위축되는 결과가 발생한다.

산업 공유지의 해체는 악순환을 초래한다. 역량이 쇠퇴하면 공유지가 필요한 기업들은 더 이상 사업을 지속하기가 어렵다. 이들 기업은 제조 공장 또는 공급처를 새로운 공유지로 옮겨야 한다. 이들 기업이 이동하면 기존 공급사들은 사업을 유지하기가 더욱 어렵다. 결국 사업을 접거나 이전해야 한다.

설상가상으로 새로운 혁신 부문이 이 같은 역량을 가까이에서 필요로 한다면, 공유지의 손실은 미래의 새로운 기술 혁신에 대한 기회를 차단할 수 있다. 40년 전 미국 가전 회사들이 이러한 '성숙 mature' 제품들의 생산 공장을 아시아로 이전하기로 결정했을 때, 누가 이것이 미래의 전기 자동차에 가장 중요한 부품인 배터리가 생산될 곳에 영향을 줄 것이란 걸 알았을까? 하지만 그런 일은 실제 일어났다.[15] 소비자 전자제품의 해외 위탁 생산(소니와 미쓰비시 같은 그 당시 잘 알려지지 않은 일본 기업들과 종종 계약했다)은 일본(나중에는 한국, 대만)으로 연구개발 부문의 이동이 이어졌다. 소비자들이 점점 더 작고 가벼우며 강력한(배터리 성능이 좋은!) 모바일 컴퓨터와 휴대폰을 요구하면서, 전자 회사들은 배터리 혁신을 추진하게 되었다. 그 과정에서 아시아는 미국에서 개발된 기술인 소형·대용량·충전식·리튬이온 배터리의 설계와 제조에서 혁신의 중심이 되었다. 미국 자동차 회사인 GM의 셰비 볼트가 한국의 공급사로부터 리튬 이온 전지의 대부분을 공급받는 것도 이 때문이다.

주제 3: 산업 공유지의 쇠퇴는 '자연스럽게' 일어나지 않는다 — 경영 및 정부 정책이 중요하다.

미국의 산업 공유지 쇠퇴는 시장의 '보이지 않는 손'에 따른 불가피한 결과가 아니라 경영자와 정책 입안자들의 '보이는 손'에 의해 빚어진 결과이다. 산업 공유지를 뒷받침하는 기술, 노하우 및 역량은 시간이 지남에 따라 축적된다. 정부 정책 및 민간 기업의 투자 결정 모두 어디에서 어떤 역량을 육성할지를 결정한다. 점점 더 복잡해지는 일련의 프로세스(제품 연구개발 포함)를 아웃소싱하고, 장기적인 연구에서 자원을 빼내어 다른 곳에 재할당한 미국 기업들의 결정은 미국 산업 공유지의 침체에 핵심적인 역할을 했다.

각각의 개별적인 결정들은 따로따로 보면 완벽히 이치에 맞는 것으로 보일 수 있다. 그러나 누적하거나 전체적으로 보면 이들이 내린 결정은 국가와 개별 기업 모두에게 심각한 결과를 초래했다.

먼저 아웃소싱을 생각해보자. 기업들의 입장에서 미국 내 생산을 중단하고 아시아 공급사들에게 제품을 위탁 생산하게 하는 것은 매우 매력적인 일이었다. 심지어 많은 기업들은 아시아의 공급사들로부터 기술 도입을 결정했다(예를 들어 대부분의 노트북 컴퓨터는 대만의 소수 기업에서 디자인하고 생산된 것이었다). 단기적으로 그러한 아웃소싱은 제조원가를 극적으로 낮추고 수익을 올릴 수 있었기에 논리적으로 반박하기가 어려웠다. 그러나 각 업체가 이런 결정을 내리면서 기존 공급업체들은 사업을 지속하기가 점점 어려워졌다. 새로운 기술이나 작업자 교육에 투자하는 일은 경제성이 떨어지게 됐다. 그러나 이러한 기술 및 인적 자원에 대한 투자 부족은 결국 경쟁력을 더 후퇴시켰고, 이는 다른 고객사들로 하여금 해외로 공급 기반을 이전하는 것을 더욱 매력적으로 여기게 했다. 이 과정은 시장 역학에 따른 자연스러운 반응처럼 보인다. 하지만 사실 이 과정은 매우 구체적인 경영상의 의사결정들에 의해 비롯되었다.

미국처럼 시장 지향적인 경제에서도 정부 정책은 큰 역할을 한다. 과학 기반 산업에서 미국의 힘은 자연적으로 만들어진 것이 아니다. 여기에는 정부 정책이 중요한 역할을 했다. 제2차 세계대전 이후 미국 정부는 국립과학재단과 국립보건원NIH 등 새롭게 설립된 기관과 국방부 같은 기존 기관들을 통해 기초과학 연구에 대한 대규모 지원 정책을 시행하기 시작했다.[16] 이들 투자를 통해 반도체, 고속 컴퓨터, 컴퓨터 그래픽, 광대역 통신, 모바일 전화, 인터넷, 현대 유전체학 기반의 의약품 개발에서 혁신이 일어나게 하는 제도적 토대를 마련한 기초과학이 확립됐다. 그러므로 미국 산업 공유지의 쇠퇴를 되돌리려면 효과적인 경영 전략과 정부의 정책이 필요하다고 할 수 있다.

우리의 관점

경쟁력과 미래의 경제적 번영은 열띤 토론의 대상이다. 어떤 이들은 이 문제를 세계화의 부정적인 부산물로 본다. 어떤 이들은 자유무역이 문제라고 본다. 일각에서는 산업 발전을 주도하는 정부의 강력한 정책을 주창한다. 또 어떤 이들은 정부의 개입이 줄어들기를 원한다. 어떤 이들은 정부(가 하지 말아야 할 것을 하거나 해야 할 일을 하지 않거나)의 문제로 보는 반면, 다른 이들은 미국 기업 경영진의 문제로 본다. 일부 사람들은 문제가 중국(수입 장벽과 통화조작)에 있다고 보고 있으며, 반면에 어떤 이들은 문제가 미국(교육제도의 쇠퇴, 미래의 성장을 저해하는 지나친 소비문화)에 있다고 생각한다.

우리는 우리의 관점에 근거해 이들 문제에 다음과 같은 입장을 갖는다.

- **자유무역이 문제는 아니다.** 미국(그리고 다른 모든 나라)은 비교적

자유롭고 개방적인 무역 시스템에서 이익을 얻을 수 있다. 미국의 중국 제품 수입은 그 자체로 문제는 아니다. 첨단기술 분야에서 1990년대에 나타난 중국과의 무역 적자를 생각해 보라. 이 중 가장 큰 부분이 미국 IT 혁명의 근간을 이루는 컴퓨터와 통신장비였다. 이러한 수입은 미국의 생산성 증가를 이끄는 데 매우 중요한 역할을 했다. 세계 각지의 공급업체 간 치열한 경쟁이 이 IT 장비의 가격 하락에 크게 기여했다. 수입품의 가격을 상승시키는 수입 장벽이나 기타 무역 제한은 생산성을 향상시키는 IT에 대한 투자를 억제함으로써 득보다 훨씬 더 많은 해를 입힐 것이다.

이는 중국의 무역 정책(통화조작을 포함해)과 중국에 투자한 외국 기업들로부터 중국이 얻는 대가에 대한 합리적이고 진지한 우려를 무시하는 것이 아니다. 그러나 우리는 무역 개방(미국과 유럽이 세운 장벽을 없애는 것을 포함해)을 위해 싸워야 하며, 추가적인 장벽을 만들지 않아야 한다고 주장한다.

- **시장의 힘을 믿는다고 해서 적절한 정부 정책의 현명한 사용을 배제하자는 것은 아니다.** 시장은 훌륭한 것이다. 시장은 다른 어떤 제도적 합의보다 복잡한 문제들을 더 많이 해결한다. 하지만 시장이 모든 문제를 해결하지는 않는다. 경쟁력에 대한 논쟁은 종종 두 개의 극단적인 진영으로 나뉜다. 강력한 정부 정책의 옹호자들과 정부를 강하게 불신하는 자유방임주의 경제의 지지자들이다. 미국의 역사는 시장 기반 해결책과 정부의 개입이 양립할 수 있음을 보여준다. 사실 시장과 정부 정책은 경제 발전에 있어 매우 상호보완

적인 무기가 될 수 있다.

- **정부는 적절한 조건을 만들 수 있지만, 궁극적으로는 경영진의 결정이 미래를 결정한다.** 우리는 미국의 경쟁력 회복의 발판을 마련하는 데 도움이 될 정부 정책에 대해 논의할 것이다. 정부 정책은 중요하다. 하지만 결국 미국의 경쟁력 문제는 정부만이 해결할 수 있는 것이 아니다. 경쟁력 문제는 경영자의 경영 방식, 접근 방법, 경영 철학(경영대학원과 컨설팅 회사가 개발하고 전파하는 많은 것)에 뿌리를 두고 있고, 이는 미국 기업들이 기술집약적인 분야에서 우위를 넘겨주게 했다. 만약 생산직 노동자들이 작업에 잘못된 기술을 사용하고 있다면, 우리는 그들이 매우 효과적으로 일할 것이라고 기대하지 않는다. 이는 경영자들도 마찬가지이다.

- **글로벌 경제에서 경영자들이 오로지 국가에 대한 충성을 바탕으로 결정 내리기를 기대할 수는 없다. 시장이 중요하다.** 해외 공장을 설립하거나 해외 공급사에 외주를 주기로 결정한 CEO들은 존 케리 상원의원이 2004년 대통령 선거 운동에서 "매국노 기업의 CEO들"[17]이라고 비난한 것처럼 때때로 '비애국적'이라고 비난받기도 한다. 그렇다면 CEO가 충성해야 할 국가는 어디일까? 본사가 소재한 국가? 직원의 대다수가 있는 곳? 대다수의 주주들이 있는 곳? CEO의 출신 국가? 따라서 이 질문에 대한 답은 명확하지 않다. 더욱이 기업 내부에서는 경영권을 둘러싼 경쟁이 치열하고 외부에서는 유능한 경영자를 채용하기 위한 인재 경쟁이 치열한 환경에서

오늘날의 경영자들이 회사의 이익을 위해 기꺼이 희생할 것이라고 기대할 수 없다. 설사 그들이 그렇게 한다고 해도, 그것은 경제에 좋지 않을 것이다. 산업 공유지에 대한 투자는 애국심의 문제가 아니다. 그것은 좋은 비즈니스 리더십의 문제이다.

2장

경쟁력이란 무엇인가?

미국 같은 나라의 기업가들은 국가 경제의 경쟁력을 걱정해야 할까? 정부 정책 입안자들은 자국의 경제가 다른 나라들과 비교해서 얼마나 경쟁력이 있는지 걱정해야 할까? 이 책의 주된 목적은 기업가들과 정부 정책 입안자들 각각의 행동이 미국 경제의 경쟁력과 산업 공유지의 건전성에 어떤 영향을 미치는지에 대해 이해하도록 돕는 것이기 때문에, 우리는 경쟁력에 대한 명확한 정의와 한 국가의 경쟁력이 한 기업의 경쟁력과 어떻게 다른지 명확한 설명을 제공할 필요가 있다.

우리는 한 국가의 경쟁력을 **한 지역의 산업 공유지에 있는 노동자와 기업들이 다른 곳에 있는 노동자와 기업들보다 특정 상품이나 서비스를 생산하면서 누릴 수 있는 이점**으로 정의한다. 이러한 이점은 노동자들이 높은 생산성을 통해 더 높은 임금을 얻고 이를 유지할 수 있는 데서 드러난다. 기업의 경우 이러한 이점은 다른 곳에서 생산된 제품 또는 서비스에 대한 비용 혹은 품질 면에서의 차이로 나타난다.

상세히 설명하기에 앞서 우리가 사용하는 용어 중 한 가지를 분명히 해두자. 간단히 말해서 우리는 '국가country(영토, 법적 관점에서 보는 국가 – 옮긴이)' 또는 '국가nation(문화, 역사의 관점에서 보는 국가 – 옮긴이)'라는 용어를 지리적 분석에 관련한 단위로 사용할 것이다. 그러나 경쟁력에 대한 논의에서 국가는 국가 정책 및 상황(예: 환율)을 논의할 때만 관련이 있다. 미국처럼 국토의 면적이 큰 나라에서는 '지역(뉴잉글랜드 지역, 중서부 지역 등)'과 주州마다 서로 경쟁력이 매우 다를 수 있으며, 각 주에서도 특정 제품(예: 자동차)을 생산하는 데 필요한 기술을 가진 사람들끼리 서로 경쟁할 수 있다. 때때로 관련 지역이 국가의 경계를 넘어설 수 있다. 예를 들어 정밀 공작기계의 설계는 스위스, 이탈리아, 독일이 속한 공유지에 집중되어 있다. 그러나 우리가 경쟁력을 논의할 때마다 '지역 및/또는 국가'라고 말하는 것은 번거로우므로 우리는 그저 국가country라는 용어를 주로 사용할 것이다.

국가 및 기업의 경쟁력

경쟁은 두 가지 층위에서 일어난다. 가장 분명히 드러나는 곳은 기업이 경쟁하는 제품 시장이다. 이 층위에서 중요한 것은 '어떻게'이다. 예를 들어 독일 자동차 회사들이 자동차 시장에서 미국 자동차 회사들을 상대로 어떻게 경쟁하느냐 하는 것이다. 같은 가격에 더 좋은 차를 생산하거나 더 효율적으로 차를 생산할 수 있다면 독일

자동차 회사는 경쟁력을 가진다.

그 다음이 국가간 경쟁이 일어나는 층위로 생산과정에 필요한 노동, 자본, 기타 자원들을 제공하는 시장인데, 경제학자들이 '생산요소 시장the factor input markets'이라고 부르는 곳이다. 사회적 번영을 이해하기 위해 가장 중요한 시장은 영업 및 서비스직, 관리자, 중간 관리자, 엔지니어, 과학자, 임원 등이 매일 일자리를 얻기 위해 경쟁하는 노동 시장이다. 실리콘밸리와 방갈로르Bangalore(인도 남부 카르나타카주의 주도 - 옮긴이)에 사는 소프트웨어 엔지니어들이 기회를 두고 경쟁하고 있다. 미시건, 멕시코, 브라질, 미시시피, 일본의 공장 조립라인 노동자들과 바젤Basel, 뉴저지, 보스턴, 샌디에고의 신약 개발 화학자들 역시 마찬가지이다. 한 나라의 생활수준은 그 곳에 사는 사람들이 노동 시장에서 다른 사람들을 능가할 때 향상된다. 따라서 우리가 번영과 생활수준에 관심을 갖는다면, 인적 자본에 대한 경제적 보상을 분명히 고려하는 경쟁력에 대해 정의할 필요가 있다.

기업의 경쟁력과 해당 국가 노동자들의 경쟁력은 분명히 밀접한 관계가 있다. 만약 노동자들이 특정 유형의 업무에 적합한 기술을 가지고 있지 않다면, 그러한 기술을 요구하는 국내 기업들은 적절한 기술을 갖춘 노동자들을 고용할 수 있는 다른 곳의 기업들에 비해 분명히 불리할 것이다. 기업들은 어쩔 수 없이 사업체를 옮기지 않으면 필요한 기술을 가진 노동자들이 있는 국가의 기업들과 경쟁할 수 없을 것이다. 그러나 기업이 부실하게 경영되거나, 기술이 부족하거나, 기타 보완적 자산(예: 지역 유통 채널)이 부족해서 경쟁력이 떨어진다면 고도로 숙련된 노동자도 불리한 입장에 놓이게 될 것이다. 노동생산성은 부분적으로 노동자가 갖춘 기술(교육과 훈련)과 함수관계를 가지며, 부분적으로 노동자의 자본과 기술에 대한 접근성과도 함수관계를 가진다.

기업과 국가의 경쟁력 또한 다르다. 대부분의 표준적인 정의상 국가 경쟁력은 개방된 세계 시장에서 제품과 서비스를 판매하는 국가의 능력을 말한다. 이런 점에서 기업과 국가의 경쟁력은 비슷해 보일 것이다. 그러나 두 가지 기본적인 차이가 있다.

첫째, 기업(그리고 스포츠 팀) 간의 경쟁과는 달리 국제 무역은 제로섬 게임이 아니다. 대부분의 스포츠 경기와 마찬가지로 기업 간 경쟁에서도 승자와 패자가 있다. 서버 시장에서 IBM이 휴렛패커드 Hewlett-Packard, HP를 희생양으로 삼으며 시장 점유율을 높이면 휴렛패커드에는 희망이 없다. 휴렛패커드가 패자고 IBM이 승자인 것이다. 반면 독일산 공작기계를 중국에 수출하는 것은 독일 국민들에게 이익이 되고, 수입한 공작기계로 풍력발전기 생산 기업의 생산성이 높아지면 이는 중국에 이익이 된다. 또한 풍력발전소를 운영하는데 이상적인 국가인 베트남에서 풍력발전소를 건설하는 데 드는 비용도 낮아져 베트남도 이익을 얻는다. 이것은 영국 경제학자 데이비드 리카도David Ricardo가 19세기 초에 처음으로 언급한 비교우위 무역이론의 기초이다. 물론 이들 국가의 모든 기업들이 승자는 아니다. 독일의 공작기계 기업들은 중국에서의 사업을 위해 서로 경쟁하고 있고, 몇몇 기업은 다른 기업들보다 더 잘 해낼 것이다. 중국의 풍력발전기 제조사들도 마찬가지다. 이기는 기업이 있는가 하면, 지는 기업이 있다.

둘째, 한 기업의 임직원은 시장에서 기업의 입지를 강화하겠다는 목표에 따라 조직화되어 있는 편이지만, 국가 또는 지역 차원에서는 목표의 균일성이 무너진다. 국가나 지역 내의 기업과 노동자들은 외국의 경쟁자들과 경쟁하는 것처럼 서로 격렬하게 경쟁한다. 보스턴 캠브리지 지역의 생명공학 산업은 수백 개의 경쟁 회사들로 이루어져 있지만 한 팀에 속해 있지는 않다. 켄달 광장의 한쪽 끝에 있는 바이오젠 아이덱Biogen-Idec과 다른 한쪽 끝에 있는 사노피 젠자임Sanofi Genzyme은 둘 다 다발성 경화증 치료제를 판매하며, 어느 쪽도 다른 한쪽이 더 잘하도록 돕는 데 관심이 없다. 중국 광둥성의 한 전자부품 조립공장은 일본, 한국, 대만, 멕시코, 동유럽 등지의 공장들에 대한 우려만큼이나 길 건너편에 있는 경쟁업체에 대해서도 우려하고 있다.

국가의 경쟁우위

국가는 자국의 노동 인구가 재화와 용역의 창출에 생산적으로 참여하는 데 필요한 일자리와 상호보완적인 노하우 및 기타 자원을 제공하는 기업과 자본을 유치할 수 있을 때 특정 활동에서 경쟁우위를 갖는다.

경쟁력에는 두 가지 분명한 시금석이 있다. 첫째, 그 나라에서 운영되는 기업들은 일반적인 기준들을 잘 따르면서 운영되고 있어야 한다. 그들의 제품은 시장 점유율, 수익성 등의 측면에서 다른 지역의 생산자들보다 경쟁우위를 가지고 있어야 한다. 둘째로, 노동자들은 실질 임금 인상의 혜택을 봐야 한다. 통화의 평가절하(실질 임금을 억제한 것) 또는 임금을 억제하는 기타 방법들에서 비롯되는 '경쟁력'은 제외된다는 점에 유의하라.

한 나라의 경쟁력에 대한 우리의 정의는 다른 경제 전문가들의 정의와 어떤 면에서는 비슷하면서도 어떤 면에서는 다르다. 하버드 대학의 마이클 포터Michael Porter나 프린스턴 대학의 폴 크루그먼Paul Krugman처럼 우리는 생산성을 경쟁력의 핵심으로 본다.[1] 높은 노동 생산성은 단위 노동비용unit-labor cost(상품 한 단위를 만드는 데 드는 노동비용 – 옮긴이)에 불이익을 주지 않으면서 노동자들에게 높은 임금을 제공하는 것을 가능하게 한다. 우리의 정의는 또한 한 나라의 경쟁력을 "국민이 꾸준히 개선되는 지속가능한 생활수준을 누리면서 국제 경쟁력 있는 제품과 서비스를 생산하는" 능력으로 규정하고 있는 버클리 캘리포니아 대학의 로라 드안드레아 타이슨Laura D'Andrea Tyson의 정의와 일치한다.[2] 꾸준히 개선되는 지속가능한 생활수준은 생산성에 의해 움직이는 임금과 연관되어 있다.[3]

우리의 정의는 인적 자본을 강조하는 점에서 이들과 다르다. 우리의 경쟁 모델에서는 기업만이 국내외 시장에서 제품을 판매하기 위해 경쟁하는 것이 아니라, 노동자들 또한 그들의 노동력을 판매하기 위해 경쟁하고 있다. 다음에서도 논의하겠지만 경쟁력 방정식에서 인적 자본에 주목하는 것은, 특히 노동 이외의 자본과 생산 요소가 상대적으로 이동성을 띠는, 점점 세계화되는 세계에서 필수적이라 할 수 있다.

인적 자본과 경쟁력

국가 차원에서 경쟁력이 왜 중요한지를 이해하기 위해서는 '생산요소의 이동성factor mobility'이라는 경제학 개념을 이해해야 한다. 생산의 요소에는 토지, 천연자원, 재원財源, 물리적 자본(장비와 같은)과 인적 자본 등이 포함된다. 생산요소의 이동성은 생산의 특정 요소(예를 들어 노동자)가 지리적으로 이동할 수 있는 정도를 나타낸다. 이동성은 이동성이 좀더 많은 생산요소가 더 유연하게 경쟁을 피할 수 있기 때문에 중요하다. 경쟁이 없는 곳으로 갈 수 있는 이동성은 큰 경쟁 우위이다. 하지만 모든 생산요소가 똑같이 이동성을 가진 것은 아니다.

극단적인 경우를 들면 땅과 천연자원은 극도로 이동성이 떨어지는 경향이 있다. 이는 만약 웨스트버지니아에서 석탄을 추출하는 비용이 브라질보다 훨씬 더 많이 들게 된다면(예를 들어 규제, 세금, 기술 부족 또는 상대적으로 높은 임금 때문에), 웨스트버지니아의 광산 소유사들은 큰 문제에 부딪히게 되지만 할 수 있는 일이 많지 않다는 것을 의미한다.

이동성 스펙트럼의 다른 쪽 끝에 있는 재원은 아주 적은 비용으로 매우 빠르게 전 세계로 이동할 수 있다. 마우스 클릭 몇 번으로 미국 기업 주식 100달러는 76유로 가치를 가진 유럽 기업 주식으로 전환될 수 있다. 예컨대 GE가 사업 확장을 위해 인도에 더 많은 투자를 결정한다면, GE는 필요한 자본을 쉽게 인도로 보낼 수 있다. 이러한 이동성은 개인, 기관, 다국적 투자자들에게 최상의 수익을 제공하는 장소로 자원을 이전할 수 있게 해주기 때문에 큰 경쟁우위이다.

기업은 규모에 따라 이동성이 다르다. 당신의 동네에 있는 작은 소매점은 아마 이동성이 한참 떨어질 것이다. 그러나 다국적 기업들의 이동성은 상당하다. 그들은 지구의 멀리 떨어진 지역에서 일상적으로 새로운 사업체(예: 공장, R&D 센터)를 열고 닫는다. 2010년, 미국의 다국적 기업은 미국 이외의 지역에 신규 지분 투자와 사내유보금을 모두 포함해 약 3,300억 달러를 투자했으며, 미국 이외의 지역에서 통틀어 4조 달러에 가까운 자산을 보유했다.[4] 이러한 이동성은 큰 경쟁우위이다. 만약 특정 국가가 비용, 규제 또는 세금의 변화로 인해 생산하기에 더 매력적인 장소가 된다면, 그 지역으로 생산을 이전할 수 있는 기업은 덜 매력적인 곳에 있는 기업에 비해 훨씬 큰 경쟁우위를 가질 수 있다.

인적자원은 이동성에 매우 제한이 있는 경향이 있다. 분명 사람들은 새로운 직장을 얻기 위해 이동하기도 한다. (이 책의 저자인 우리들도 그 동안 여러 번 이동했다.) 하지만 대부분의 사람들은 빈번한 이동(예를 들어 1년 혹은 2~3년마다)이 참을 수 없을 정도로 삶에 지장을 준다고 생각한다. 게다가 대부분의 사람들은 어디로 이동하든지 지리적 한계를 가지고 있다. 특히 문화와 언어의 장벽(이민 규제는 말할 것도 없이)은 우리의 선택을 제한한다.

다음 사항을 고려해보자. 미국인들은 상대적으로 이동성이 강한 것으로 알려져 있다. 그러나 인구조사국에 따르면 2008~2009년에 24세에서 65세 사이 고용인구의 2.3%만이 주 경계를 넘어 이주했다. 대다수의 사람들은 전혀 이주하지 않았고(90%), 대부분 같은 주 내에서 이동했다(7.5%).[5] 같은 해에 노동연령인구의 약 0.1%에서 0.3%가 국경을 넘나드는 유럽연합과 비교하면 이동성이 상대적으로 높다.[6] 여전히 미국인들은 주에서 주로 갑자기 이동하지 않는다. 그리고 미국 밖으로 이주하는 미국인의 비율은 0.3%이다(국경을 넘는 유럽인의 비율과 거의 같다).

미국인들의 제한된 이동성은 그들이 경쟁우위의 변화에 매우 취약함을 의미한다. 만약 당신이 샌프란시스코 베이 지역에 사는 매우 숙련된 반도체 설계자인데, 이 지역의 반도체 회사가 설계 작업을 소싱하는 데 훨씬 덜 매력적인 곳이 된다면, 당신은 다른 직종을 찾거나 이직하는 선택을 하게 될 수도 있다는 것이다. 디트로이트 지역에서 자동차 산업에 종사했던 기계기술자 같은 전문 기술자들은 자동차 회사들이 지역 생산 공장을 철수하자 이를 뼈저리게 느꼈다. 일부 사람들은 이사를 했지만 일부는 그렇지 못했다. 다른 지역으로 이주하지 않은 이들은 많은 경우 직종을 바꿔야 했다. 따라서 투자자들과 달리 해당 지역에 일하고 거주하는 사람들은 세계 어느 곳에든 자신들의 (인적) 자본을 신속히 재배치할 수 없기 때문에, 장소의 경쟁력은 해당 지역 사람들에게 가장 중요하다.

이것이 국가나 지역의 경쟁력 변화가 번영에 큰 영향을 미칠 수 있는 이유이다. 산타클라라 계곡(실리콘밸리 - 옮긴이)이 반도체와 컴퓨터 회사(그리고 나중에는 소프트웨어와 인터넷 회사)를 설립하기 위한 매력적인 장소가 되자, 호두와 살구를 재배하던 조용한 농업 경제 지역은 세계에서 가장 활기차고 번영하는 곳 중 하나가 되었다. 소프트웨어 공학을 활용할 수 있는 장소로서 인도의 매력은 계속해서 커지고 있고, 이는 많은 중산층 엔지니어와 경영자들의 양산으로 이어지고 있다. 반대로 미시건과 중서부 지역은 비교적 덜 매력적인 곳이 되면서 실업률이 치솟고, 부동산 가격이 떨어졌다. 건물 가격이 하락하고 공공 서비스가 약화되면서 이 지역에 살던 많은 사람들의 삶은 대단히 어려워졌다.

경쟁이 심화되는 세계

경영대학원 수업에서 일반적인 수업과정은 기업이 직면한 경쟁의 수준, 동일하거나 대체상품을 만드는 다른 기업의 진입 위협, 구매자 우위 시장의 정도를 평가하는 것이다.[7] 경쟁력에 대한 그런 분석은 또한 노동력의 장기적인 임금 전망을 이해하는 데 매우 유용할 수 있다. 경제의 기본 원칙은 경쟁이 가격과 수익의 점진적인 하락을 초래한다는 것이다. 기업의 경우 제품 시장에서의 경쟁은 이윤을 감소시킨다. 노동력의 경우 노동 시장에서의 경쟁은 임금을 감소시킨다.

역사적으로 노동 시장에서의 경쟁은 대체로 지역적으로 일어났다. 노동자들은 같은 지역의 노동자들과 일자리를 겨루었다. 경쟁은 내부에서의 이동으로 인해 증가할 수 있다(예를 들어 농장 노동자가 더 높은 임금을 주는 일자리를 찾아 도시로 이동하거나 동부의 미국인이 새로운 기회를 찾아 서부로 이주하는 것을 의미한다). 제2차 세계대전 이후 일부 산업들이 미국의 한 지역에서 다른 지역으로 이전함에 따라 노동 시장의 경쟁 범위가 확대되었다. 1950년대에 뉴잉글랜드의 직물업 노동자들은 가장 심각한 일자리 경쟁자가 같은 레드삭스 팬들이 아니라 저임금을 받는 남부 지역 미국인들이라는 것을 깨닫기 시작했다. 그럼에도 불구하고 1970년대까지 미국의 노동력 경쟁은 여전히 대부분 미국 국경 안에 한정되어 있었다.

오늘날의 환경은 매우 다르다. 낮아진 무역 장벽, 더 자유로운 자본 흐름, 낮아진 운송비용, 믿을만한 고속통신 네트워크, 기타 세계화의 영향이 합쳐져 미국 국경을 넘어 노동 시장 경쟁의 지리적 범위가 상당히 확대됐다.

세계화는 그 자체로 미국 노동자가 직면하는 경쟁을 심화시켰을 것이다. 지난 20년 동안 세계 경제 시스템에 동참한 중국, 인도, 러시아, 브라질 등 인구가 많은 4개 국가가 창출한 국제 노동력의 추가 공급을 생각해 보자. 2010년, 중국의 노동 인구만 해도 7억 8,000만 명, 인도 4억 7,800만 명, 브라질 9,500만 명, 러시아가 7,500만 명의 노동력을 가지고 있었다.[8] 이를 모두 합치면 1990년 이래로 세계 노동력에 14억 명의 노동 인구가 추가된 것이다.[9] 1990년, 미국 노동력은 1억 2,500만 명, 상위 5개 교역국(캐나다, 일본, 멕시코, 독일, 영국)의 노동력은 모두 합쳐 1억 5,800만 명이었다.[10] 대략적으로 말하자면 한 명의 미국인 노동자가 다른 모든 미국인 노동자와 경쟁하고 있으며, 그 노동자는 한 명의 외국인 노동자와도 경쟁하고 있었다. 2010년, 미국 노동 인구는 1억 5,400만 명으로 증가했지만, 미국의 상위 5개 교역국(중국이 새로 포함됐다)의 노동력은 9억 5,100만 명으로 폭발적으로 증가했다(중국의 노동력 증가가 주요 원인이었다).[11] 2010년, 한 명의 미국인 노동자는 다른 모든 미국인 노동자와 경쟁하는 동시에 6명의 외국인 노동자들과도 경쟁하고 있었다. 이러한 비율을 문자 그대로 받아들여서는 안 되지만, 이는 미국인들이 상대하는 전 세계의 노동력 풀이 얼마나 더 커졌는지를 대략적으로 보여준다.

이 수치들로는 노동력 풀이 전 세계적으로 팽창해 왔다는 것을 확인할 수 있을 뿐이기에, 구체적인 수치를 그대로 받아들여서는 안 된다. 분명 노동 시장에는 각기 다른 부문들이 있으며 국제 경쟁은 이들 부문에 각기 다른 영향을 미친다.

첫째, 우리는 경제의 많은 부문이 본질적으로 지역적이어서(예: 소매, 의료, 자동차 수리, 주택 건설) 이들 부문에 속한 일자리가 한 국가에서 다른 국가로 이동할 위험이 매우 낮다는 점을 고려할 필요가 있다. 예컨대 보스턴 지역 병원의 간호사는 직업을 얻기 위해 베이징 병원의 간호사와 경쟁하지 않는다. 둘째, 기술과 교육을 고려해야 한다. 세계 각지의 노동자들은 같은 분야에서 일한다고 해도 지역적인 차이로 인해 서로에 대한 완벽한 대체재가 되지 않는다.

그럼에도 불구하고 노동 시장에서 국제 경쟁이 확대되는 정도는 여전히 충격적이다. 무역의 확대를 생각해 보자. 분명 경제가 무역에 더 많이 의존할수록 그 나라의 노동자들은 세계 다른 지역의 노동자들과 직접적으로 경쟁하고 있다. 표 2.1은 GDP에서 총 교역량(수입과 수출)이 차지하는 비율을 보여준다. 이제 무역은 국가들의 경제 생활에서 훨씬 더 중요한 요소가 되었다. 미국은 GDP 대비 무역 비율이 24%로 상대적으로 낮지만, 이는 미국 경제 규모가 훨씬 크기 때문이다. 그리고 24%의 상품 무역이 미국 경제의 성장에 미치는 영향은 경

표 2.1 GDP 대비 무역 비율: 1981년 vs 2008년

국가	상품		서비스	
	1981	2008	1981	2008
미국	16.5	24	3.3	6.5
캐나다	47	58	6.8	10.5
멕시코	21	56	5.4	4.0
일본	25	31	5.1	6.5
독일	44	72	9.2	15.2
영국	40	41	12	18.5
중국	22	57	0	6.8
인도	12	42	3.2	15.8
브라질	18	23	2.8	4.7

출처 : 세계은행, 세계개발지표, http://data.worldbank.org/indicator/TG.VAL.TOTL.GD.ZS.

미하지 않다(폴 크루그먼이 지적한 바와 같이 이 자료는 많은 경제적 후생의 개선은 당신이 비교역 부문에서 어떤 일을 하느냐에 달려 있다는 것을 보여준다).[12] 무역이 훨씬 더 적은 서비스 분야에서도 급격한 상승세가 있다.

상승세(상품과 서비스 모두에서)는 미국뿐 아니라 모든 나라의 노동자들이 보다 세계화된 노동 시장에서 점점 더 경쟁하고 있다는 생각을 뒷받침해 준다. 무역에 대한 노출의 증가는 그 자체로 나쁜 것이 아니다. 경쟁은 양면적이다. 경쟁은 위협이 되기도 하지만 기회이기도 하다.

무역 증대가 노동 시장의 경쟁 패턴에 어떤 영향을 미치는지 더 잘 알기 위해서, 미국 경제의 구조적 변화, 고용 동향, 무역을 조사한 뉴욕 대학의 마이클 스펜스Michael Spence와 샌딜 홀트셔요Sandil Hlatshawyo의 최근 연구를 살펴보자.[13] 이들은 미국 산업을 '교역 부

문tradable sector'과 '비교역 부문non-tradable sector'으로 나누었다.

교역 부문은 한 국가에서 생산되고 다른 국가에서 소비될 수 있는 상품과 서비스로 이뤄진다. 교역 부문에는 대부분의 제조업 제품, 에너지, 원자재, 농산물, 그리고 관광, 고등교육, 비즈니스 및 기술 컨설팅, 상업은행, 데이터 처리, 통신, 디지털 미디어 같은 서비스가 포함된다.

스펜스와 홀트셔요는 비교역 부문을 같은 나라에서 생산과 소비를 요구하는 분야로 정의했다. 비교역 부문에는 정부, 의료, 소매, 건설, 식당, 호텔, 대부분의 법률 서비스, 대부분의 부동산, 현지에서 필요한 기타 서비스(예: 이발, 차량 정비)가 포함된다. 교역 부문과 비교역 부문의 구분이 항상 명확한 것은 아니며, 특정 서비스의 원격 제공을 갈수록 효율성 있게 만드는, 특히 IT로 인한 기술적 변화로 지난 수십 년 동안 경계가 확실히 달라졌다.

스펜스와 홀트셔요는 교역 부문과 비교역 부문들을 국제적으로 나눔으로써 미국 노동자들이 세계 노동 시장에서 얼마나 잘 경쟁하고 있는지 판단할 수 있는 좋은 방법을 제공한다. 이들이 확인한 것은 인상적이면서도 충격적이다. 1990년과 2008년 사이에 미국 고용 증대의 97.7%가 비교역 부문에서 일어났다(이중 40%가 정부와 의료 부문이었다). 국제적인 교역 부문에서는 고용 증대가 기본적으로 저조했으며, 경영 및 컨설팅 서비스, 은행, 컴퓨터 시스템 설계, 보험 같은 고급 서비스에서만 증가했다. 그러나 이러한 고용 증대는 제조업 부문의 일자리 감소로 인해 완전히 상쇄되었다. 이 직업들의 대부분은 가치사슬에서 부가가치가 낮은 부분들에 있었다. 그러나 저자들은 다음과 같이 지적했다.

"신흥 시장이 성장함에 따라, 그들은 더 복잡한 직무를 두고 경쟁할 것이다. 이는 미국이 경쟁우위를 높인 모든 분야를 잃게 된다는 의미가 아니라, 더 많은 잠재적 경쟁이 임박했다는 것을 의미할 뿐이다."[14]

세계 노동력 풀의 전체적인 증가, 무역의 증가, 미국 경제에서 교역 부문의 고용 동향에 대한 위의 분석을 고려할 때, 1980년 이후 평균 실질임금이 정체된 근본 원인을 많은 관련 증거를 통해 쉽게 이해할 수 있다. 오늘날의 전형적인 미국 노동자는 노동력 제공을 놓고 훨씬 더 큰 경쟁에 직면해 있고, 이 경쟁이 임금 하락을 압박할 것임을 예측할 수 있다.

이제 기술의 문제로 넘어가 보자. 기술은 노동 시장을 세분화하는 논리적인 방법이다. 변호사들은 변호사와, 기계 엔지니어는 기계 엔지니어와, 대학 졸업생들은 다른 대학 졸업생들과 경쟁하는 경향이 있다. 미국 노동자들이 외국의 경쟁에 노출되는 정도는 부분적으로 그들이 차별화된 기술을 가지고 있는지에 달려 있다. 위에서 논한 스펜스와 홀트셔요의 논문을 포함한 몇몇 연구는 기술 및 교육 분야의 하단부에 있는 노동자들이 외국인 노동자들과의 경쟁으로 가장 부정적인 영향을 받는다는 것을 확인했다. 중국, 인도, 브라질 같은 신흥 경제국들의 노동력 대부분은 미국 노동자들과 비교했을 때 기술의 열세를 보일 수도 있지만, 그렇다고 해서 미국 노동자들이 걱정

표 2.2 국가별 과학, 공학 분야 대학 학위(학사) (2004년)

국가	과학과 공학 분야 총 졸업생 수	공학 분야 졸업생 수
미국	455,848	64,675
EU(전체)	617,469	212,267
독일	108,730	27,662
영국	109,940	19,780
일본(2005년)	349,015	97,931
대만	85,891	46,870
인도(1990년)	176,036	29,000
중국	672,463	442,463
브라질(2002년)	92,040	28,024
러시아(2006년)	293,729	131,688

출처: 미국 국립과학재단, 과학 및 공학 지표 2008, Volume 2, Appendix.
(page A2−102 to A2−104)

할 필요가 없는 것은 아니다.

2000년(비교할 수 있는 자료를 얻을 수 있는 가장 최근의 해)에는 최소한 3차 산업(서비스업) 교육(기술고등학교에서 박사학위에 이르기까지)을 받은 전체 인구의 약 25%가 미국에 살고 있었다. 미국이 세계에서 가장 높은 비율을 보였지만, 그 다음을 중국, 인도, 러시아가 이었다.[15]

2004년 일련의 국가에서 과학 및 공학 학위를 받은 대학 졸업생 수를 조사한 미국 국립과학재단의 한 연구는 세계 노동 시장에서 경쟁의 증가가 기술 스펙트럼의 하단부에만 국한되지 않는다는 것을 보여준다(표 2.2).

이와 같은 자료에는 분명 한계가 있다. 여러 국가의 교육과정의 품질과 내용을 비교하는 것은 어렵다. 예컨대 학위 취득기간이 다양하다. 그리고 중국의 작은 대학을 졸업한 공학자는 MIT에서 교육받은 엔지니어만큼은 되지 못할 것 같다. 그렇긴 해도 중국, 인도, 브라질, 러시아가 세계 노동 시장에 저숙련 노동력을 제공하고 있을 뿐만 아니라, 미국과 유럽의 과학자들과 엔지니어들이 이미 그리고 점점 더 인도, 중국, 러시아, 브라질의 엔지니어들과 경쟁하고 있다는 것은 명백한 사실이다.

인도와 동유럽이 미국과 유럽의 기업들에게 소프트웨어 및 IT를 지원하는 주요 아웃소싱 허브가 되었다는 사실은 이들 국가가 가진 기술 인력의 우수함을 말해준다. 연구개발 비용 지출의 글로벌 패턴도 마찬가지이다. 중국은 현재 연구개발에 (미국과 일본에 이어) 세 번째로 지출을 많이 하는 국가이다.[16] 2000년 이래로 중국의 연구개발 지출은 평균적으로 연간 19% 증가하고 있다(미국 3.3%, 유럽연합 3.3%).[17] 브라질과 인도는 연구개발 지출 상위 15개국에 속해 있다.

연구개발 같은 고부가가치 활동을 위한 곳으로서 중국, 인도 및 기타 신흥국들의 매력도 미국 다국적 기업의 연구개발 지출에 관한 미국 경제분석국 자료에서 분명히 나타난다. 이 자료에 따르면 미국 다국적 기업의 외국 자회사들에서 발생하는 연구개발 지출의 비율이 1989년 9%에서 2009년 15.6%로 증가했다.[18] 그런데 이 자료는 미국의 다국적 기업들이 이들 국가들로부터 조달하는 연구개발 비용을 실제보다 적게 반영하고 있다. 기업들이 제3의 아웃소싱 업체로부터 설계 또는 기술 서비스를 구매할 때, 비용을 대개 연구개발이 아닌 매출원가의 일부로 처리하므로 해외 직접투자 통계에 나타나지 않기 때문이다.

우리가 말하고자 하는 것은 동유럽과 중국, 인도, 브라질, 러시아 같은 나라들이 기술 수준 면에서 미국과 동등한 수준에 이르렀다는 것이 아니다. 아직까지는 그렇지 않다. 그러나 이들 국가가 미국과 서유럽이 버린 저임금, 저부가가치 활동을 넘어설 인적 자원이 부족하다고 추측하는 것은 맞지 않다. 게다가 이들 국가가 시간이 흘러도 기술 사다리를 오르지 못할 것이라는 추측은 미국에서부터 일본, 한국에 이르기까지 경제가 발전해온 역사가 우리에게 가르쳐 온 사실과 맞지 않다.

시사점 및 반응

이번 장의 초반에 제시한 자료는 아래에서 설명할 세 가지 반응 중 하나를 유발한다.

① 시간을 되돌리려 애쓰기

한쪽에서는 세계화가 세계 노동 시장에 저임금 노동자들을 물밀듯이 쏟아냄으로써 미국과 다른 선진국에 살고 있는 사람들의 임금을 계속해서 잠식해 왔으며 앞으로도 그럴 것이라고 생각한다. '한 시간에 30달러를 버는 미국의 노동자가 일주일에 50달러를 버는 중국인 노동자와 어떻게 경쟁할 수 있는가?'라는 생각이다. 극단적인 경우 이러한 견해를 지지하는 이들은 자유무역을 혐오하며, 미국(그리고 유럽)의 경쟁력 문제에 대한 해답으로 무역 장벽과 기타 보호주의 조치라는 요새를 쌓아야 한다고 본다. 1992년 대선 당시 로스 페로 Ross Perot 후보(19%의 득표율을 얻었다)는 북미자유무역협정 NAFTA이 통과되면 미국 내 일자리가 '남미로 빨려 들어가는 거대한 소리'가 나는 끔찍한 결과가 생길 것이라고 예측했다. 뒤이어 페로는 《우리 일자리를 지키자, 우리나라를 구하자, 지금 NAFTA를 저지해야 한다 Save Our Jobs, Save Our Country: Why NAFTA Must beStopped Now》라는 제목의 책을 출간했다.[19]

페로와 견해를 같이하는 미국인들은 많다. 2010년 NBC와 월스트리트저널WSJ에서 공동으로 실시한 여론 조사에 따르면 미국인의 69%가 다른 나라와의 자유무역이 미국의 일자리를 잃게 했다고 생각했으며, 53%는 자유무역이 미국 전체에 피해를 주었다고 믿었다.[20] 상원은 앞서 2007년 6월에 체결됐던 한국과의 자유무역협정 비준을 늑장 처리했다.[21]

자유무역 이면의 정치적 이해관계는 복잡하다. 그리고 관련 국가들의 정치적 이익을 감안할 때, 합의를 위한 올바른 구조를 얻는 것은 결코 사소한 일이 아니다. 클라이드 프레스토위츠Clyde Prestowicz와 같이 미국의 자유무역 정책을 비판해온 많은 이들은 정부 보조금, 국산부품 사용 요건, 강제적인 지적재산권 공유, 환율 관리, 완전한 보호주의 및 기타 속임수 정책 등으로 잔뜩 꾸며진 소위 '진정한' 국제무역체계가 경제학 교과서의 자유시장과 크게 동떨어져 있다고 주장한다.[22]

그럼에도 불구하고, 더 큰 장벽을 세우는 것이 아니라 이러한 장벽과 왜곡을 줄이는 것이 올바른 정책 방향일 것으로 보인다. 중국, 인도, 브라질, 러시아, 그리고 기타 신흥 경제국들을 세계 시스템에 통합하는 데 따르는 큰 이점들이 많다. 분명 이를 통해 수백만의 (그리고 잠재적으로 수십억의) 사람들이 가난으로부터 벗어나고 있다. 인도에서 증가하고 있는 중산층이 그 증거이다. 동유럽에서 수학이나 컴퓨터공학 학사 학위를 받은 고학력 노동자들은 더 이상 건설 노동자나 거리의 청소부 일을 하는 저임금 노동자가 아니다. 무역 덕분에 그들은 급성장하고 있는 IT 산업 분야에서 보수가 좋은 일자리를 찾을 수 있다.

전 세계가 번영을 더 누리게 된다고 해서 미국의 이익이 위협받거나 미국의 번영이 감소하는 것이 아니며, 세계의 안정이라는 지정학적 측면에서의 이점도 있다. 더 중요한 점은 전 세계 노동력에 새로 참여하는 모든 이들이 일자리를 얻기 위한 경쟁을 야기하면서도, 동시에 새로운 수요의 원천을 만들어내기도 한다는 것이다. 따라서 미국이나 핀란드의 프로그래머에게 갔을 수도 있을 직업을 가진 인도 소프트웨어 엔지니어는 이제 미국 상품을 사고 미국으로 여행할 돈을 갖게 되었다.

이는 무역에서 승자와 패자가 없다는 의미가 아니다. 직업을 잃는 소프트웨어 엔지니어들과 생산직 노동자들의 사정은 안 좋아진다. 그러나 장벽을 세우는 것은 경쟁을 억제하고, 경쟁력을 갖추게 하는 (개인, 기업, 국가 차원에서) 인센티브를 억누르기만 할 뿐이다. 그것은 어느 나라에게나 득보다 실이 클 것이다.

② 생산성이 미국을 구하기를 바라기

경제 성장과 번영을 위해 한 가지 묘약만을 선택해야 한다면, 그것은 생산성일 것이다. 생산성은 경제 성장과 생활수준을 촉진한다. 일반적으로 경제학자들은 노동생산성과 총요소생산성이라는 두 가지 생산성 척도에 초점을 맞춘다. 이름에서 알 수 있듯이 노동생산성은 시간당 노동력의 생산량(가치)이다. 임금은 분야와 국가를 막론하고 생산성과 매우 밀접한 관련이 있다. 생산성 차이를 고려하지 않는 국가 간 임금 비교는 매우 무의미하다. 총 노동비용은 임금(시간당 노동비용)에 생산성(시간당 생산량)을 곱한 함수이다. 미국 같은 높은 수준의 생산성은 노동자들이 총 노동비용의 손실을 만들지 않고 더 높은 임금을 받을 수 있게 한다. 예를 들어 미국의 노동력은 평균적으로 멕시코의 노동력에 비해 3배의 생산성 우위를 가진다. 이는 미국의 임금이 1인당 노동비용의 손실을 만들지 않고도 멕시코 노동자들과 비교했을 때 3배 더 높을 수 있음을 의미한다.

총요소생산성Total factor productivity, TFP은 노동, 자본, 기타 모든 투입요소를 복합적으로 반영해 경제 전반의 효율성을 측정한다. 총요소생산성은 제품과 프로세스의 혁신에 의해 추동된다. 총요소생산성은 생산 활동을 수행하는 국가의 매력도에 영향을 미치기 때문에 중요하다. 총요소생산성은 어떤 면에서는 경쟁력을 훌륭하게 요약한 통계 자료이다. 또한 아마도 한 나라의 장기적인 번영을 가장 잘 예측하는 자료이다. 높은 총요소생산성이 세계 시장에서 국가의 경쟁우위를 가져다준다는 것이 부분적인 이유가 된다(예컨대 낮은 총요소생산성을 가진 경제에 비해 저렴한 비용으로 유사한 품질의 제품 생산이 가능할 것이다). 하지만 높은 총요소생산성은 심지어 국제무역이 없는 분야에서도 상황을 더 좋게 만든다. 예를 들어 지역의 식료품점들이 총요소생산성을 높이고 있다면 이들 식료품점들이 국제무역에 참여

그림 2.1: 미국 경제의 노동생산성 성과

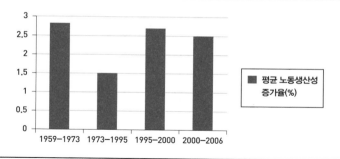

출처 : 조겐슨(Dale W. Jorgenson) 문(Mun S. Ho), 스티로(Kevin J. Stiroh)의 논문 데이터를 이용해 만듦, "A Retrospective Look at the US Productivity Growth Resurgence," Journal of Economic Perspectives 22, no. 1 (2008): 3 - 24.

하지 않더라도 지역민들은 향상된 효율성(예컨대 저렴한 가격)으로 혜택을 보게 될 것이다.

만약 당신이 (우리가 믿는 것처럼) 생산성이 가장 중요하다고 믿는다면, 생산성에 대해 낙관적인 전망을 할 수 있는지 여부는 최근의 생산성 증가 추세를 어떻게 해석하느냐와 미래의 생산성 증가에 대한 예측에 달려 있다. 생산성 추이와 생산성 증가의 근본적인 동인을 더 잘 이해하기 위해 우리는 하버드 대학교 데일 조겐슨Dale Jorgenson 교수의 연구로 눈을 돌렸다.[23] 지난 50년 동안 그는 생산성 증가에 기여한 요소를 명확하게 파악하기 위해 새로운 생산성 측정 방법을 독보적으로 개척해 산업, 기간, 국가 등에 걸친 수많은 자료를 분석해 오고 있다. 그림 2.1에서 알 수 있듯이, 그는 미국 경제의 노동생산성이 장기간에 걸쳐 다양하게 변했다는 것을 확인했다.

미국은 1970년대 초반부터 1990년대 중반까지 상당한 생산성 저하를 겪었는데, 이 기간은 일반적으로 경제 실적 부진과 관련이 있다. 그 후 1990년대 중반부터 생산성이 급증했다. 이는 역사적 기준에 비춰 보아도 좋은 성과였을 뿐만 아니라, 같은 기간 다른 주요 선진국들의 생산성을 앞지른 것이었다. 조젠슨과 동료들의 상세한 통계 분석은 이러한 생산성 회복의 주요 동인이 정보기술 분야임을 분명히 보여준다. 1995년부터 2000년까지 미국 경제의 생산성 증가는 대부분 정보기술을 '낳은' 분야(예: 컴퓨터, 반도체, 소프트웨어, 통신장비)에서 비롯됐다. 2000년부터 2006년까지 생산성 증가의 주요 동인은 정보기술을 '사용한' 분야(예: 금융 서비스, 소매, 제조)로 이동했다. 이들 부문은 새로운 IT 시스템(예: 온라인 고객 서비스, 전사적자원관리ERP 소프트웨어)에 크게 투자하기 시작하면서 생산성 증가가 일어났고, 그 효과는 경제 전반으로 퍼져 나갔다. 1990년대 중반부터 2000년대 중반까지는 IT를 중심으로 생산성이 급격히 증가했는데, 새로운 기술, 새로운 비즈니스 모델 및 새로운 경영 프로세스를 유연하게 채택한(미국의 역동성을 보여주는) 것과 더불어 기술 발전이 크게 이루어졌기 때문이다. 이는 분명 생산성이 증가한 이유였다.

그러나 문제는 그러한 실적이 지속될 수 있느냐 하는 것이다. 몇 가지 사실이 우리를 신중히 생각하게 한다. 첫째, 조젠슨의 분석은 생산성 증가의 원천이 얼마나 제한적일 수 있는지를 고통스러울 정도로 적나라하게 보여준다. 1995년부터 2000년까지의 기간 동안, GDP의 3%만을 차지하는 부문이 생산성 증가를 대부분 주도했다. 이는 일부 부문이 장기적인 성장을 창출하는 데 있어 다른 부문보다 특별히 중요한 역할을 하지 않는다는 경제학자들의 주장을 분명히 반박하는 것이다. 생산성 향상을 주도하는 데 반도체 칩이 감자 칩보다 훨씬 더 중요한 것으로 드러난 것이다.[24]

둘째, 노동생산성 증가에 크게 기여한 동인은 노동 대비 자본 투입 비율의 증가(경제학자들이 '자본의 심화capital deepening'라고 부르는)이다. 1995년부터 2000년까지가 이와 같았다. 기업들이 IT(새로운 컴퓨터 시스템, 새로운 소프트웨어 등)에 집중 투자했기 때문에 수작업으로 업무를 수행하던 노동자들이 훨씬 더 생산성을 가지게 됐다(예를 들어 컴퓨터 지원 설계). 그러나 2000년 이후, 노동 대비 자본 투입 비율의 증가는 자본 투자 증가보다는 노동시간 감축에 의해 더욱 촉진되었다. 조젠슨이 발표한 바와 같이 2000년에서 2006년 사이에 비주거용 투자non-residential investment는 단지 연평균 1% 증가했다(1959년에서 2000년까지는 연평균 5.4%였다). 생산성 증가는 더 많은 자본 투자로 직원들을 무장시켜(그럼으로써 생산량을 증가시키는) 이루어진 것이 아니었다. 더 적은 인원으로 생산성을 높일 수 있었다. 생산성을 이루는 분모를 늘리거나 분자를 줄여서(생산량/노동시간) 생산성을 높이는 결과는 수학적으로는 동일하지만, 경제적 복지에는 매우 다른 영향을 미친다.

제조업 분야의 노동자 1인당 부가가치에 대한 자료에서도 이와 유사한 추세를 확인할 수 있다. 지난 10년 동안 제조업에서 노동자 1인당 부가가치가 상당히 급격하게 증가했다. 이는 언뜻 보기에 생산성의 개가로 보인다. 그러나 자세히 살펴보면 이러한 증가는 저부가가치 제조업 부문이 해외로 이전해 감소한 이유가 크다. 그러한 저부가가치 부문에서 자유로워진 자원이 고부가가치 부문으로 재배치된다면 좋을 것이다. 그러나 그러한 증거는 없다. 부가가치가 증가해도 제조업 고용은 계속 감소했다. 그 다음 저부가가치 부문이 사라지면서 1인당 부가가치는 계속 증가할 것이다. 통계적으로 보면 이는 다시 한 번 생산성 증가로 나타난다. 그러나 제품과 공정에서 성장을 촉진하는 혁신으로 인한 생산성 증가는 아니다.

마지막으로, 가장 최근의 생산성과 고용 동향은 낙관적인 전망을 할 수 없게 한다. 물론 2008년의 경기 대침체로부터 지금까지의 단기적인 경기 순환 영향을 장기 추세에서 가려내는 것은 매우 어려우며, 가장 최근의 경기 순환이 보여주는 극단적인 특성은 여느 때와 같은 설명을 훨씬 더 어렵게 만든다. 그러나 2008년 이전에도 생산성이 꾸준하게 회복되고 있다는 징후가 있었다. 조젠슨의 분석은 생산성 증가율이 2004년에 최고조에 달했고, 그 후 2004년에서 2007년에 이르는 동안 1970년대와 1980년대의 낮은 수준으로 되돌아갔다는 것을 보여준다. 미국의 생산성은 경기 대침체 동안 급증했지만, 생산량을 증가시키는 혁신적인 방법을 채택해서라기보다는 대체적으로 고용의 급격한 감소에서 기인한 것으로 보인다. 물론 경제의 총수요가 부족하기 때문에, 기술 혁신 동기는 매우 낮은 것으로 보일 것이다.

우리는 생산성을 경제적 성공과 성장의 핵심동력으로 보는 이들의 의견에 전적으로 동의한다. 그리고 이 책의 후반부에서 우리가 제공할 많은 처방은 미국의 생산성을 향상시키는 것을 목표로 할 것이다. 우리는 미국의 현재 생산성 증가 잠재력에 대해 다른 사람들보다 낙관적으로 보지 않는다. 변화가 없다면 우리는 또 다른 생산성의 급증이 우리를 구원하러 와줄 것이라고 기대할 수 없기 때문이다.

③ 서비스업에서 구원 찾기

경제 개발 이론 중 1973년 사회학자 다니엘 벨Daniel Bell이 개발한 이론은 경제가 농업에서 제조업을 거쳐 서비스업으로 자연스럽게 발전해 간다고 주장한다.[25] 이러한 관점에서 보면 미국 제조업의 감소는 '지식 노동'이 지배하는 '탈산업화' 사회로의 자연적이고 건전한 전환이다. 이 관점은 1980년대 경쟁력 논쟁이 처음 일어나던 때에 인기를 얻었다. (1983년, 포브스는 "'재공업화reindustrialization'를 연주하는 '피리 부는 사나이'를 따르는 대신 미국은 서비스업을 강화하려는 노력에 집중해야 한다"고 주장했다.)[26] 이러한 견해를 지지하는 이들 중에는 하버드 대학교의 동료 교수이자 가장 존경 받는 경쟁력 권위자 중 한 명인 마이클 포터 교수가 있다.[27] 그는 다음과 같이 주장했다.

> "오늘날 고부가가치가 있는 곳은 제조업이 아니라 서비스업이다. 제조업 자체는 비교적 부가가치가 낮다. 제조업이 중국이나 태국에서 이루어지고 있는 이유이다. 오늘날 부가가치가 높은 곳은 제조업의 서비스 기능이며, 만약 미국이 적절한 노동력과 적절한 환경을 가지고 있다면 서비스업이 바로 미국이 뛰어날 수 있는 부문이다. 우리는 제조업이 필수적이라는 생각이나 믿음을 멈춰야 한다. 우리의 생각을 왜곡하기 때문에 정말 문제가 되는 생각이다."[28]

이러한 탈산업화 견해의 지지자들은 경제가 성숙하고 발전함에 따라 서비스업이 GDP에서 차지하는 비율이 증가하는 경향에서 위안을 얻는다. 1인당 GDP와 GDP 대비 서비스업 부가가치 사이에는 비교적 높은 상관관계가 있다. 그리고 미국에서 볼 수 있듯이 지난 10년간 미국의 거의 모든 순고용 증가가 제조업이 아닌 서비스업에서 이루어졌다.

우리는 이 "제조업을 잊자"는 주장이 틀렸음을 밝히기 위해 후반부의 상당 부분을 할애할 것이기 때문에, 여기서는 요약된 비판만 할 것이다. 첫째, 경제에서 서비스가 차지하는 비중과 1인당 GDP 성장률의 상관관계를 인과관계로 해석하는 것은 엄청난 맹신이다. 인과관계는 정반대일 가능성이 매우 높다. 부가 커지고 발전할수록 서비스 소비가 커지는 경향이 있다. 소매, 도매, 운송, 오락 및 개인 서비스(법률, 회계, 부동산 중개, 의료, 개인 관리)는 소득 수준이 증가함에 따라 모두 증가하는 경향이 있다. (미개발 국가에서는 소매 구매가 많지 않다는 점을 고려해야 한다.) 둘째, 많은 서비스가 현지에서 소비되어야 하기 때문에, 서비스의 현지 소비는 서비스의 현지 생산을 증가시킨다. 이러한 논리와 일치한 스펜스와 홀트셔요의 자료 분석은 미국에서 지난 수십 년 동안 이루어진 고용의 대부분이 비교역 서비스 부문에서 증가했음을 보여준다. 게다가 제조업보다 서비스업이 먼저라는 주장을 의심스럽게 만드는, 1인당 GDP가 높고 제조업 부문이 강한 국가들(예컨대 독일, 스위스 등)의 예가 많이 있다.

마지막으로, 우리는 이러한 관점이 제조업의 현실, '지식 경제'에서 제조업의 위치, 제조업의 혁신에 대한 기여에 대해 왜곡된 시각에 빠져 있다고 믿는다. 서비스업은 '지식 노동'과 동일시하면서 제조업은 부가가치가 낮은 '지저분한' 산업이라는 고정관념이 종종 존재한다. 이러한 일반화는 위험하다. 모든 서비스가 햄버거 뒤집기처럼 간단한 것은 아니다. 고부가가치의 고숙련 서비스업도 많이 있다. 하지만 제조업도 마찬가지다. 고급 서비스만큼이나 지식 경제에 속하는 고부가가치의 제조업 형태가 많이 있다. 사실 많은 점에서 서비스업과 제조업 사이를 가르기란 매우 어렵다. 우리가 추후에 주장하는 바와 같이, 미국이 지식 노동과 혁신을 중심으로 한 미래의 경제적 성장 구축에 대해 진지하게 생각한다면, 제조업은 서비스업만큼 중요한 역할을 한다는 말을 하고 싶다.

이 장의 초점은 국가 경쟁력이란 지리적으로 특정 국가와 지역에 위치한 노동자와 기업이 자국과 세계 다른 지역의 노동자와 기업을 능가할 수 있는 역량이라는 것이었다. 한 나라와 그 국민의 경제적 번영은 그들 지역에 자리한 산업 공유지의 경쟁력에 크게 의존하고 있다. 우리는 다른 국가의 정부와 기업들이 지역 공유지의 역량을 쌓고 있는 동안 미국 연방과 주 정부, 지방 정부와 미국 기업들이 지역 공유지의 중요성을 충분히 인식하지 못했고, 심지어 지역 공유지의 역량을 쇠퇴시켰다고 믿는다. 다음 장에서는 산업 공유지의 구축과 성장을 이끄는 역학을 살펴보고, 그러한 역학이 반대로 산업 공유지의 쇠퇴도 초래할 수 있음을 살펴볼 것이다.

3장

산업 공유지란
무엇이고 왜 중요한가?

+
−
×
÷

수 세기 전 공유지commons란 공동체 구성원이 소유한 가축들이 풀을 뜯을 수 있는 땅을 의미했다. 공유지는 어느 한 사람의 소유가 아니라 공유되거나 공동 소유되었다. 공유지를 공유하는 것은 모두에게 좋은 일이었다. 따라서 모든 사람들은 공유지가 잘 운영될 때 혜택을 보았고, 공유지가 줄어들면 손실을 입었다. 오늘날 공유지라는 용어는 어장에서부터 교육 체계와 교통 인프라 같은 공공재에 이르는 많은 공적 영역을 설명하는 데 사용될 수 있다.[1]

비슷한 개념이 산업에도 존재한다. 예컨대 자동차 산업의 경우 특정 지역의 회사들은 보통 공급사와 인적 자원을 공유해서 이용한다. 예를 들어 만일 정밀 기계 부품 공급사들의 기술력이 떨어지거나 인력 풀에서 일류 기계 기술자가 적어지면 이런 역량이 필요한 모든 회사들이 어려움을 겪는다.

특정 지역의 공유지 유무는 어떤 새로운 산업은 특정 지역에서 잘 뿌리 내리는 반면, 어떤 산업은 시작하는 데 어려움을 겪는 것을 설명하는 데 도움이 된다. 1800년대 미국의 초기 대량 생산 기술 발전이 그 예다. 미국의 독립 전쟁 동안 소총, 라이플, 권총 같은 소형 무기는 전통적인 방식으로 생산되었다. 고도의 숙련된 장인들이 그것을 만들었는데, 이는 무기들이 서로 비슷하지 않고 부품이 호환 불가능함을 의미했다. 그 결과 전쟁터에서는 무기 수리가 어려웠고 이는 공급원이 부족한 미국 군대의 주요 문젯거리였다.

이러한 경험 때문에 미국 정부는 호환 가능한 부품으로 무기를 제조하는 새로운 방식을 개발하기 위해 매사추세츠주의 스프링필드와 버지니아주의 하퍼스 페리 병기 공장에 집중 투자했다. 순서대로 목재와 금속을 절단하고 성형하기 위해 게이지, 고정 장치, 검사 장치, 특수 목적용 기계를 사용했다. '미국식 생산 체계American System of Manufacture'로 알려진 이 접근 방식으로 생산성의 대폭 증가가 가능했다.[2]

1855년 코네티컷주 하트포드에 설립된 연방 병기 공장과 민간 소유의 콜트식 권총 병기 공장은 다른 많은 초기 제조 산업을 먹여 살리는 공유지를 낳았다. 예를 들어 도구 제작자들의 네트워크는 정교한 섬유 기계 제작에 중요한 정밀 금속 공구를 개발했다.[3] 그리고 병기 공장과 재봉틀 공장에서 경력을 쌓은 기술자들과 경영자들은 가구, 자물쇠, 시계, 자전거, 기관차, 자동차 산업으로 옮겨갔다. 1838년 최대의 기관차 제작회사였던 로웰Lowell과 볼드윈Baldwin은 섬유 기계 제조공장이기도 했다.[4] 프랫앤휘트니Pratt & Whitney Company, P&W는 총기 제작기계와 재봉틀 제조 회사들에게 필요한 공구 제조사로 시작해 항공기 엔진 제조사가 됐다.[5]

산업 연관성 이해하기

공유지의 증가는 여러 산업의 창출과 성장을 지원할 수 있지만, 공유지 중 한 부문의 쇠퇴는 여러 산업 전반에 부정적인 연쇄반응을 일으킬 수 있다. 그 이유를 이해하기 위해서는 산업들 간의 관계를 이해할 필요가 있다.

1950년대에 바실리 레온티예프Wassily Leontief는 경제 전반에 걸쳐 상품과 서비스의 흐름을 추적하기 위해 최초로 산업 연관표('투입 산출표input-output tables'라고도 함 – 옮긴이)를 개발한 공로로 노벨 경제학상을 수상했다. 이 표는 일부 부문이 다른 부문보다 공급–수요 연관성이 더 강하다는 것을 분명히 보여준다. 예를 들어 컴퓨터 수요의 증가는 밀 생산량보다 반도체 생산을 촉진시키는 경향이 있다. 산업 연관 분석을 통해 특정 부문이 미치는 전반적인 경제적 영향은 그 부문만 봐서는 판단할 수 없음을 알 수 있다. 일부 부문은 다른 부문보다 산업 연관성을 통해 더 큰 영향력을 가진다.

그러나 산업 연관표는 지식, 지적재산, 정보 또한 여러 분야로 흘러갈 수 있다는 사실을 고려하지 않는다. 이러한 흐름은 부문 간 혁신을 촉진하는 데 있어 특히 중요하다. 예를 들어 1980년대 자동차 산업의 주요 물리적 투입량에 대한 분석은 철강, 정밀가공부품, 플라스틱 산업과의 매우 강한 연관성을 보여준다. 그러나 반도체, 소프트웨어, 컴퓨터의 발전이 자동차 디자인 과정과 내용 모두를 혁신할 것이라는 사실은 놓쳤다. 오늘날 전자 산업은 자동차 생산에 드는 자재비와 인건비의 약 3분의 1을 차지한다.[6]

모든 제품의 이면에는 일련의 물리적 부품뿐 아니라 그 제품의 탄생, 생산, 출하를 가능하게 하는 더 깊은 일련의 기술적, 조직적 역량이 있다. 이 장은 맥북 프로 노트북으로 작성하고 있다. 맥북은 산업 디자인과 소프트웨어 엔지니어링, 디스플레이 생산을 위한 엔지니어링과 제조 역량, 반도체를 생산하는 리소그래피lithography와 에칭etching 그리고 관련 공정 역량, 컴퓨터 자판을 만드는 고정밀 성형 역량, 노트북 케이스를 만드는 알루미늄 거푸집(알폼) 및 광택 역량 등 모든 역량의 집약체이다.

흥미로운 점은 이들 기초 역량이 고정되어 있지 않다는 것이다. 이들 기초 역량은 진화하면서 새로운 역량들을 등장시키며 제품이 할 수 있는 것들을 변화시킨다(예컨대 자동차에 대한 소프트웨어의 영향). 이렇게 기초 역량들이 네트워크로 연결되어 있다는 것을 고려하기 시작하면, 어느 한 산업의 혁신이 결코 다른 분야에서 일어나는 일들과 분리된 것으로 여길 수 없다는 사실을 분명히 알 수 있다. 외부와 단절된 상태에서 역사적인 중요한 혁신이 일어나는 것을 떠올리기란 어려운 일이다.

증기 기관차의 혁신은 열역학 분야에서의 과학적 통찰과 섬유 기계 산업에서 탄생한 정밀 공작기계의 발전을 통해 가능했다. 공작기계의 발전에는 빠르게 무디어지지 않는 절삭공구 제작을 위한 고강도 강철 생산의 획기적인 개선이 필요했다. 그러나 이 모든 발전이 이루어지자 공작기계 제조사들은 또 다른 장애물을 만났다. 기존의 모터는 고강도 강철이 가진 더 큰 절단 잠재력을 충분히 활용하지 못했던 것이다.[7] 개인용 컴퓨터는 디지털 로직(마이크로프로세서), 반도체 메모리, 소프트웨어, 고정밀(디스크 드라이브) 제조, 디스플레이 등 여러 분야의 기술이 발전한 결과다. 제약 산업의 혁신은 유전자 프로파일링, 임상과학, 진단학 등의 발전을 필요로 한다. 오늘날 전기 자동차가 가솔린 엔진을 대체할 수 있는지 여부는 배터리와 관련된 많은 상호보완적 문제(마력당 하중비, 용량, 충전 시간, 조립공정, 안전성, 비용) 해결과 재충전을 위한 효율적인 인프라 구축이 가능한지에 달려 있다.

그렇기 때문에 (정부는 계속해서 그렇게 구분하겠지만) 산업은 분리된 경제 단위가 아니다. 오히려 복잡하게 엮인 거미줄에 더 가깝다. 따라서 느슨해진 스웨터 실이 풀리듯이, 연결은 예측할 수 없는 결과를 초래할 수 있다. 겉보기에는 먼 것처럼 보이는 산업 간의 연결고리는 공유하고 있는 기초 역량들을 고려하면 실제로는 꽤 가깝다.

예를 들어 그림 3.1의 노트북 컴퓨터와 휴대폰에서 평면 스크린 TV, 태양전지판, 조명에 이르는 전자 제품의 다양한 기본 역량에 대해 살펴보자.

그림에 따르면 여러 부문에 걸쳐 생산되고 사용되는 역량에는 상호의존성이 있음을 알 수 있다. 이러한 상호의존성은 (혁신과 성장 능력 측면에서) 다른 부문과 관련되어 특정 부문의 건전성이 강하게 형성될 수 있음을 의미한다. 예를 들어, 화학기상증착법CVD은 고순도 박막 소재를 만드는 방식으로, 여러 가지 전자제품에 쓰이는 반도체 마이크로칩에 트랜지스터를 만드는 핵심 공정이다. 이 공정에 사용된 지식은 평면 디스플레이를 만들기 위해 유리 기판을 만들고 얇은 필름 태양전지판에 재료층을 쌓기 위해 필수적이었다. 반도체 제조업체들은 더 많은 신재료를 쌓아야 했기 때문에 유기금속재료를 위

그림 3.1 전자제품 간 상호의존성

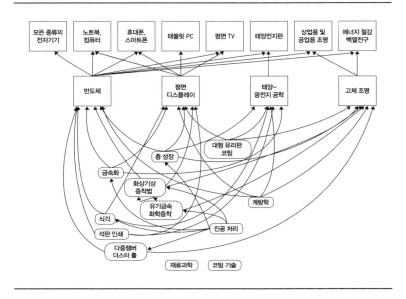

한 화학기상증착법인 유기금속화학증착MOCVD으로 알려진 변형된
방법을 고안했다. 이는 에너지 효율적인 조명의 혁신기술인 발광다
이오드LED를 만드는 핵심 공정이 됐다.

혁신이 연쇄적으로 일어나는 경우 '공급 중심supply push', '수요 중
심demand pull' 또는 이 두 가지가 합쳐진 것 때문일 수 있다. 예를 들
어 컴퓨터 기반의 엔지니어링 분석 및 설계 도구의 발전과 컴퓨터 성
능의 향상은 자동차, 항공기, 전자 시스템 같은 많은 산업의 설계 프
로세스에서 혁신 기회를 창출했다. 시뮬레이션 능력의 향상은 다른
부문의 혁신을 촉진했다. 첨단 소프트웨어 설계 및 분석 도구는 풍
력 터빈의 설계와 효율 개선을 이끌고 있다. 이와는 대조적으로 소규

모 제품에 더 많은 전력을 저장해야 하는 소비자 가전업계의 과제는 배터리 기술 혁신을 불러 일으켰다. 배터리 기술은 제품 기능을 개선하기 위해 (여전히) 극복해야 할 장애물이었다. 또한 혁신의 흐름은 양방향일 수 있다. 항공우주 산업은 고온 합금 및 복합 재료에서 혁신을 견인하는 동시에 혁신의 도움을 받는 산업이다.

역량이 다른 부문으로 흘러가면서 혁신 역량이 연계될 수 있다는 것은 일부 역량이 다른 역량에 비해 경제 발전에 더 중추적인 역할을 한다는 것을 의미한다. 크게 보면 어떤 부문은 (필요로 하거나 만들어내는 역량 때문에) 다른 부문의 혁신을 추동할 수 있는 더 큰 잠재력을 가지고 있다. 경제학자 및 경제사학자는 경제 활동에 가장 광범위하게 영향을 미치는 역량을 설명하기 위해 '범용기술'이라는 용어를 사용한다.[8] 역사적으로 주목할 만한 강력한 범용기술의 예로는 증기동력(18세기), 전기화(19세기), 기계화(19세기 중후반), 화학 처리(19세기 후반과 20세기 초반), 디지털화(20세기 중반), 정보기술과 인터넷(20세기 말) 등이 있다.

각국의 경제 발전은 이들 기술에 크게 영향을 받았다. 영국의 경제 성장은 1차 산업혁명(증기동력 중심)이 영국에서 시작된 것과 관련이 깊었다. 독일 경제가 두각을 나타내게 된 것은 유기화학물질 합성과 그에 상응하는 제조 공정의 발전에서 독일이 중심적인 역할을 한 것과 밀접한 관련이 있었다. 제2차 세계대전 이후 미국 경제는 디지털화, 정보기술, 인터넷에서 두드러진 기량을 선보였다.[9]

비록 인터넷이나 증기기관만큼 전면적이거나 분명하지는 않지만 많은 다른 기술들이 부문 간 혁신에 영향을 미친다. 반도체 공정을 생각해보자. 최신 반도체 칩을 제조하려면 재료, 패턴, 증착 및 제거 공정, 전기적 특성 조절, 완성된 칩의 시험과 패키징 등 일련의 공정 역량이 필요하다. 그러나 태양광 전지, 평면 스크린 고화질 디스플레이, LED 조명은 동일한 핵심공정 역량을 다양하게 변화시켜 사용한다. 광범위한 분야로 유입된 기술 또는 역량의 다른 예로는 정밀가공, 첨단복합재료, 엔지니어링 분석 소프트웨어 및 시뮬레이션 도구가 있다.

지리학적 근접성은 언제 가치가 있을까?

정부 정책과 기업의 전략 수립에 있어 더 중요한 문제는 노하우와 역량이 퍼져나가는 것에 지리적인 경계가 있느냐 하는 것이다.

앞의 그림 3.1에서 구체적인 예를 들어 보자. 반도체와 디스플레이는 모두 리소그래피에서 공유역량을 얻는다. 그러나 반도체 제조업체가 리소그래피 기술 발전의 혜택을 보기 위해 그 역량이 창출되는 지역에 지리적으로 가까워야 할까? 연구개발과 제조업의 예를 들어 보자. 생명공학의 연구개발과 제조업이 밀접하게 연관되어 있는 것은 사실이지만, 연구개발과 제조업 사이의 지리적 거리가 영향을 미칠까? 한 나라가 생명공학 연구개발을 전문으로 하고 다른 나라들로 하여금 제조를 하게 할 수 있을까? (그 반대의 경우도 가능할까?) 이같은 질문에 대한 대답은 특정 부문의 운명에 관한 전략과 정책 문제를 이해하는 데 매우 중요하다. 지리적 경계가 관련이 없다면, 즉 모든 노하우가 전 세계에서 매우 빠르게 순환한다면 X라는 국가에서 A라는 부문이 쇠퇴한다고 해서 이 부문과 밀접하게 관련되어 있는 국가 X의 B 부문이 쇠퇴할 위험이 있지는 않다. 그러나 거리가 문제가 된다면, 국가 X의 A 부문의 건전성은 B 부문의 건전성과 매우 관련이 있다. 그러므로 공공정책과 사업전략을 위해서는 거리가 중요한 경우를 정확히 이해하는 것이 필요하다.

경제학에서 지리적 위치와 입지에 관한 주제는 현대 경제학의 토대를 쌓은 학자 중 한 명이며 《경제학 원리Principles of Economics》(1890년)를 저술한 알프레드 마셜Alfred Marshal로 거슬러 올라가는 긴 역사를 가지고 있다.[10] 마셜의 관심사 중 하나는 그가 '산업 지구the industrial district'라고 부르는 곳, 즉 같은 산업에 속한 기업들의 지리적 군집화geographic clustering를 설명하는 것이었다. 마셜은 군집이 발생하는 세 가지 이유에 대한 이론을 제시했다.

- **노동 시장의 인력 수급:** 기업들은 필요로 하는 전문 인력을 찾을 수 있는 곳에 자리 잡는 경향이 있고, 전문 인력은 자신의 기술을 필요로 하는 고용주가 가장 많은 지역으로 간다.
- **공유 인프라:** 사업을 운영하려면 공급품, 장비, 다양한 서비스 같은 다른 전문화된 상호보완적 투입 요소에 대한 접근성이 필요하다. 노동 시장 인력 수급과 유사하게 공급은 수요를 낳고 수요는 더 많은 공급을 야기한다. 반도체 공장이 없는 지역에 반도체 장비 유지관리 사업체를 세우지는 않을 것이다. 그리고 만약 반도체 공장을 건설할 생각이라면, 상호보완적인 서비스와 장비 제공업체들을 충분히 선택할 수 있는 장소를 선택할 것이다.

- **스필오버spillover:** 같은 산업 내의 기업들은 완전히 비밀로 할 수 없는 노하우를 만들어 낸다. 그들의 노하우 중 일부는 노동자들의 이동 등에 따라 근방의 기업들에 전해진다. 스필오버(어떤 요소의 생산 활동이 그 요소의 생산성 외에 다른 요소의 생산성을 증가시켜 경제 전체의 생산성을 올리는 효과를 말한다 – 옮긴이)의 가능성으로 인해 다른 회사들은 근방에 자리 잡을 동기를 가진다.

노벨상 수상자인 폴 크루그먼 또한 '경제 지리학economic geography'에 대한 이해가 중요하다고 했다.[11] 그는 제조업체들이 제조업 벨트에서 군집하는 경우, 다른 지역으로의 이전은 벨트 내 어느 업체에도 도움이 되지 않는다고 주장한다. 클러스터 내에 입지한 데 따르는 이익의 증가가 미치는 상호작용, 보다 유리한 운송비용, 수요는 지역의 성장과 활력을 촉진한다.

이러한 지리적 '응집력agglomerating forces'이 개방무역, 빛처럼 빠른 통신 네트워크, 빠른 노하우 확산이라는 특성을 가진 오늘날의 세계에도 여전히 적용될까? 어떤 이들은 아니라고 주장한다. 아마도 이러한 견해를 가장 분명히 지지하는 이는 언론인 토마스 프리드먼Thomas Friedman일 것이다. 프리드먼은 그의 저서 《세계는 평평하다The World is Flat》에서 제도의 힘(경제체제의 자유화, 무역 장벽의 대폭 축소), 기술적 변화(고속 인터넷과 통신 네트워크, 협업을 가능하게 하는 소프트웨어), 그리고 경제력(예를 들면 중국, 인도, 브라질 같은 새로운 주요 시장의 등장)이 합쳐져 세계를 '평평'하게 한다고 주장한다.[12] 근본적으로 거리의 중요성이 줄어들고 있다는 것이다. 이러한 변화들이 세상을 축소시키지 않았고 거리라는 장벽을 낮추지 않았다고 주장하기란 분명 어려운 일이다. 오늘날 상대적으로 단순한 CAD 시스템을 사용하는 엔지니어는 인도에서 디자인한 제품의 데이터를 마우스 클릭 한 번으로 한국의 제조 공장으로 전송할 수 있다. 거리는 더 이상 경쟁에 큰 장벽이 되지 않는다. 이는 기업과 인력에도 적용된다. 2장에서 언급했듯이 실리콘밸리에 살고 있는 소프트웨어 엔지니어라면 인도와 핀란드의 소프트웨어 엔지니어들과 경쟁하고 있는 것이 사실이다.

프리드먼의 주장은 도발적이면서도 가치가 있다. 18세기의 영국 기업가와 현재 실리콘밸리 기업가의 상황을 비교해 보자. 18세기에 면화를 실로 짜내는 회전 프레임을 개발한 리처드 아크라이트 Richard Arkwright 같은 영국 기업가들은 더 빠르고, 효율적이며, 균일하게 물건을 생산할 수 있는 기계를 만드는 방법들에 대한 온갖 새로운 아이디어를 생각해 냈다. 이 발명가들에게는 그들의 발명품을 현지에서 만드는 것 외에 다른 대안은 없었다. 다행히 18세기의 영국은 시계 제조와 조선에서 오랜 경험을 쌓은 고도의 기술력을 가진 장인과 기계 제작자들로 가득 차 있었다.

오늘날 실리콘밸리에서 좋은 아이디어를 가진 사람은 북부 캘리포니아에서 구할 수 있는 기술이나 상호보완적인 역량에 제한을 받지 않는다. 말 그대로 퍼즐의 다른 부분을 찾으러 세계를 샅샅이 뒤질 수 있다. 소프트웨어 엔지니어링이 필요하면 인도로 가면 된다. 저가형 제조 공장이 필요하면 극동 아시아로 가면 된다. 그 밖에 무엇이든 어디선가 찾을 수 있으며, 아마도 필요한 것이라면 방에서 나가 찾아다니지 않고도 그저 웹 서핑을 통해 무엇이든 찾을 수 있을 것이다. 이러한 세계관에 따르면 당신이 미국(또는 다른 곳)에 살고 있고 제법 창의적이라면, 국내 제조업(또는 그와 관련한 것들)에 대해 걱정할 필요가 없다.

이러한 견해는 미국 같은 국가들의 제조업 부문 쇠퇴를 정당화하거나 적어도 위안삼는 데 종종 사용된다. 우리는 세계가 많은 면에서 점점 더 작아지고 평평해졌다는 것에 대체로 동의하지만, 한편으로 그것이 혁신에 대한 거리와 지리적 영향력을 전체적으로 위험하게 단순화하고 있다고 생각한다. 《월드 3.0World 3.0》에서 판카즈 게마와트Pankj Ghemawat(뉴욕대NYU 경영대학원 교수 – 옮긴이)는 프리드먼과 다른 세계주의자들이 주장하는 것보다 무역 측면에서 세계가 덜 평평하다는 근거 있는 명확한 자료를 제시한다.[13] 예를 들어 게마와트는 대부분의 무역이 지역적이고, 국가 간 노동이동성은 시간이 지나면서 증가하지 않고 사실 감소했다고 지적한다. 여전히 무역에는 가시적, 비가시적 장벽들이 많이 있다는 주장이다.

게다가 오늘날 전 세계를 둘러보면 실제로 마셜이 100년 전에 관찰했던 세계를 떠올리게 하는 장면을 실제로 볼 수 있다. 1990년 마이클 포터가 관련 산업의 지역적 집적이라고 했던 많은 '집적clustering'을 여전히 볼 수 있다.[14] 생명공학과 생명과학은 보스턴, 샌프란시스코 베이 지역, 샌디에고에 집중되어 있다. 반도체 제조업은 대만, 한국, 싱가포르, 상하이, 베이징에 몰려 있다. 금융 서비스업은 뉴욕, 런던, 취리히, 도쿄, 그리고 비중이 더욱 커지고 있는 홍콩에 집중되어 있다. 좀더 가까이 확대해 보면 국가 및 분야 내에서의 집적을 보다 정밀하게 볼 수 있다. 이탈리아와 고급 신발을 예로 들어보자. 베니스의 바로 남쪽에 있는 브렌타 리비에라는 세계 최고급 여성 신발의 90%를 생산한다. 하지만 고급 남성 신발 제조업은 나폴리와 볼로냐에 군집되어 있다. 대부분의 중저가 신발은 중국 광둥성의 진주강 삼각주Pearl River Delt에서 생산된다.

집적한다고 해서 이러한 분야의 기업들이 세계의 다른 지역에 소재를 두지 않는다는 것은 아니다. 경향이 그렇다는 것이다. 따라서 만약 지도상에 어떤 산업과 관련된 회사가 있는 곳을 모두 밝은 색상의 점으로 표시한다면, 매우 밝게 보이는 곳과 점이 흩어져 있는 곳, 완전히 흰색인 곳을 보게 될 것이다.

여러 부문에 걸친 지식과 역량을 연결해 활용하는 것에 관한 한, 모든 지식과 능력이 쉽고 빠르게 전달되거나 저렴한 것은 아니기 때문에 거리는 여전히 중요하다. 인터넷은 디지털 형식으로 코드화할 수 있는 정보 전달에 뛰어나다. 마우스 클릭 한 번으로 세계 어디든지 설계도를 보낼 수 있다.

그러나 설계도와 코드화한 지식은 기업에서 사용하고 생산하는 전체 지식의 일부에 불과하다. 20세기 과학 철학자이자 《개인적 지식Personal Knowledge》의 저자인 마이클 폴라니Michael Polany는 인간이 분명히 표현할 수 있는 것보다 더 많은 것을 알고 있다고 주장했는데, 그는 이러한 지식을 '암묵적 지식tacit knowledge'이라고 했다.[15] 자전거 타기를 예로 들어 보자. 자전거 타기는 연습을 통해 익히는 기술이다. 연습을 통해 어느 순간 자동적으로 익혀 자전거를 탈 수 있다. 그러나 다섯 살 아이에게 보조 바퀴 없이 어떻게 타는지 지식을 전달하는 것은 불가능하지는 않더라도 매우 어렵다.

기업에서도 마찬가지다. 중요한 지식은 여전히 사람들의 머릿속에서, 그리고 기업들이 사용하는 비공식적인(거의 보이지 않는) 일상 업무 속에서 이동된다.[16] 크게 칭찬을 받은 도요타의 생산 시스템을 생각해 보자. 도요타 생산 시스템은 수십 년 동안 컨설턴트와 학자들에 의해 집중적으로 연구되었고, 거의 모든 주요 자동차 회사가 모방하려고 했다. (도요타는 경쟁사들의 공장 견학을 환영했다.) 그러나 도요타와 다른 자동차 제조사들의 생산성과 질적 성과에는 지속적으로 큰 차이가 존재한다.[17] 아마도 다른 기업들이 접근할 수 없는 도요타 생산 시스템에 대한 중요한 지식이 어딘가에 숨겨져 있는 것 같다.

도요타는 암묵적 지식이 업계 전반에 걸친 노하우 확산을 어떻게 억제하는지를 보여주는 사례다. 그러나 암묵적 지식은 서로 다른 지역으로의 노하우 확산을 제한하는 역할도 한다.[18] 암묵적 노하우의 이전은 대면 의사소통을 필요로 하기 때문에 지리적인 확산이 한정되는 경향이 있다. 소셜 네트워크를 통한 과학자들 사이의 노하우 확산은 지역화되는 경향이 있다. 게다가 최근의 증거는 암묵적 노하우의 확산이 많은 인재시장을 가진 지역적인 성격에 의해 더욱 제한되고 있다는 것을 보여준다. 6만 명이 넘는 미국 발명가들을 대상으로 한 연구에서 보코니 대학Bocconi University의 스테파노 브레스키 Stefano Breschi와 프란체스코 리소니Francesco Lissoni는 소수만이(10% 미만) 한 대도시 지역에서 다른 대도시로 이주한 적이 있다는 것을 알아냈다.[19]

상호보완성과 지리적 근접성을 종합해 보면 기업(또는 국가)의 기술 혁신 기회는 부분적으로 지역적 상호보완성이 가능한지에 달려 있음을 알 수 있다. 먼 곳에서 살 수 있는 경우도 있고, 살 수 없는 경우도 있다. 지역화된 지식과 역량의 상호보완성이 강력히 결합한다면 차세대 산업에 있어 지역은 강력한 경쟁우위가 될 수 있으며, 다른 지역들이 그 시장에 참여하는 것을 막을 수 있다. 강력한 상호보완성과 지리적으로 같은 위치의 강력한 경제라는 두 가지 조건이 성립하면, 그 결과로 생기는 일련의 부문들은 우리가 '산업 공유지'라고 부르는 공유지를 형성한다.

산업 공유지의 민감한 평형

산업 공유지의 각 '종(경쟁사, 공급사, 고객, 노동자, 대학 등의 연구기관)'은 자연의 생태계와 마찬가지로 지역 공동체의 일원으로 계속 남는 것이 유리하다는 것을 알아야 한다.[20] 경제학 용어로 그들은 자신의 활동과 투자로 개인 또는 기업에 발생하는 이익인 '사적 이익private returns'을 획득해야 한다. 예를 들어 만약 GM이 R&D에 투자하여 연비가 높은 새로운 자동차를 만들어 시장에서 좋은 성과를 거두면, GM으로 흘러가는 이익은 '사적 이익'이 된다. 자본 비용을 초과하는 사적 이익의 기회는 시장 경제에서 투자 결정의 주된 원동력이다.

　생태계는 각 종이 다른 종들에게 이익이 되는 자원들을 주기 때문에 기능한다. 경제학 용어로 이를 '사회적 이익social returns'이라고 한다. (자연과 경제에서) 생태계는 각 종이 나머지 생태계가 삶을 유지하기에 충분한 자원을 제공할 때 균형에 도달한다.

경제학에서 오래 전부터 알려진 바와 같이 투자는 종종 이익을 창출하는데, 이는 투자회사가 전적으로 전용專用할 수 없는 것이다. 어떤 경제적 이익은 다른 곳으로 흘러간다. 이는 사회적 이익이다. 직원 이직이 사회적 이익의 핵심 통로다. GM이 훈련이나 R&D 프로젝트에 투자해 기술을 습득하게 된 GM 직원이 GM을 떠나 포드로 가면 노하우는 GM에서 포드로 흘러간다. 공급사는 또 다른 통로다. 한 회사에 무언가를 공급한 생산 경험을 쌓은 공급업체는 그 경험을 다른 회사에 공급하는 데 활용할 수 있다. 평면 디스플레이나 반도체 같은 많은 산업에서 공작기계 공급업체(와 노하우를 구현한 공작기계)는 기업 간에 공정 노하우를 전달하는 주요 통로다.

사회적 이익의 또 다른 메커니즘은 '상호보완적인 자산 공유'이다. 공유되는 상호보완적 자산은 자원(예: 공급사) 또는 자원 풀(예: 숙련 노동의 공급)이며, 사용자 수에 따라 그 가치가 증가한다. 많은 공급을 이끌어 내기 위해 제품, 서비스에 대한 지역 구매자의 임계 질량이 필요한 많은 예가 있다. 예를 들어 공급사들이 높은 고정비용에 직면해 있고, 공정의 '최소효율규모minimum efficient scale'가 높으며, 멀리까지 쉽게 운송되지 않는 제품이나 서비스를 판매하는 상황이라면 공급사는 일정한 임계점을 넘는 수의 현지 고객사들이 구매할 때에만 사업을 계속할 수 있다. 어느 회사도 필요 이상 구매하려는 동기를 가지고 있지 않지만, 전체적으로 볼 때 고객사들은 공급사가 사업을 지속적으로 영위할 수 있는 충분한 수요를 제공할 필요가 있다. 본질적으로 보면 각 고객사는 경쟁사들에게도 이익이 되는 고정비용의 일부를 지불하고 있다. 2008년에 GM이 도산하도록 했다면 공급망에 대한 이차적인 피해를 (동일한 많은 공급사를 공유했던) 포드 또한 받았을 것이다. 결국 공급망은 생존을 위해 포드와 GM 모두의 수요가 필요한 상호보완적 자산이었다.

공유지에서 사업을 운영하는 기업들은 자사가 타사에게 이익이 된다는 것을 알고 있음에 주목해야 한다. 그들은 자사의 노하우, 기술, 역량을 경쟁사는 물론 다른 회사들에서 흡수한다는 것을 알고 있다. 그들은 공급사에 수요를 제공함으로써 공급사들의 비용 절감을 돕고, 경쟁사들에게도 이익이 된다는 것을 알고 있다. 하지만 그들은 이러한 이익이 양방향으로 작용하며, 다른 회사로 인해 이익을 얻게 된다는 것도 알고 있다. 보스턴 지역 생명공학 회사의 CEO는 한 주요 제약회사가 케임브리지의 신규 연구소 설립에 수십억 달러를 투자하기로 결정했을 때 매우 기뻤다고 우리에게 말했다. 다른 회사들은 새롭게 등장한 이 거대기업이 이미 치열한 과학자 시장을 더 치열하게 만들어 핵심인재들을 잃을 수 있다고 우려했지만, 이 CEO는 일단의 과학자들이 새로이 지역에 대거 들어오면, 이들을 자신의 회사가 고용할 수 있는 기회가 생길 것이라며 매우 기뻐했다.

기업들은 그들이 공유지에 있는 다른 기업들을 위한 사회적 이익을 창출한다는 것을 알고 있지만, 대개는 자사의 결정이 미치는 복잡한 방정식의 결과는 자세히 계산하지 않는다. 기업들은 사적 이익에만 신경을 쓰므로 사적 이익이 자본 비용을 초과하는 한, 타사에 큰 스필오버 효과를 미치더라도 이러한 투자를 계속할 것이다. 공유지의 공동 유지 여부를 결정하는 것은 구성원들이 얻는 사적 이익이지 사회적 이익이 아니다.

산업 공유지는 민감한 생태계다. 특정 유형의 구성원(예: 중요한 공급 사들)의 숫자가 감소하기 시작하면서 시스템에서 그러한 자원이 빠지면 다른 구성원의 생존 능력이 저하될 수 있다. 이는 자연에서도 일어나는 일이다. 예컨대 벌의 수가 감소하면 꽃의 개체수는 영향을 받는다. 이는 과일 생산량의 감소로 이어질 수 있고, 그 다음으로 식량을 과일에 의존하는 종들에게도 부정적인 영향을 미칠 것이다. 비슷한 역학이 산업 공유지에서도 일어날 수 있다. 생태계의 쇠퇴는 자연에서 종종 외부적 사건(예컨대 벌의 개체수를 감소시키는 갑작스러운 기온 하락)에 의해 촉발된다. 산업 공유지의 경우, 공유지에 속한 사적 수익이 어느 정도 임계값(대개 일부 기업에서 장기적 자본 비용) 아래로 떨어지면, 일부 구성원들은 공유지를 떠나게 될 수도 있다. 만약 그들의 엑소더스가 다른 기업이 공유지에 머무는 것에서 얻는 이익을 감소시킨다면, 부정적인 역학이 시작될 수 있고, 공유지는 잠식되기 시작할 것이다. 우리는 이 문제를 5장에서 매우 상세하게 살펴볼 것이다.

이 장은 상호연결성과 산업 공유지에 대해 광범위하게 다뤘다. 우리는 제조업의 많은 사례들을 집중해서 다루고자 했다. 일부 사례들(예컨대 소형 무기 생산을 위한 공유지가 미국에서 다른 많은 주요 산업을 낳은 중요한 역할을 했다)에서 보듯이, 연구개발과 제조업의 지리적 근접성은 분명히 중요했다. 그러나 다른 산업(예: 반도체)에서는 그러한 근접성이 불필요한 듯 보였다. 이는 다음과 같은 핵심적인 질문을 제기한다. 연구개발과 제조업이 혁신을 위해 서로 가까이 있어야 할 때는 언제인가? 이것이 다음 장의 주제다.

4장

혁신에 제조업이
중요한 시기는 언제인가?

+
−
×
÷

한 국가의 경제적 복지에 있어서 제조업이 수행하는 역할은 정책 입안자, 학자, 기업 임원들 사이에서 오랫동안 계속 논쟁의 주제가 되어 왔다. 앞서 지적했듯이 미국인들이 설계와 연구개발을 하는 한 제조업은 경제성과 관련이 없다고 주장하는 대규모 진영이 있다. 이러한 논리에 따르면 미국은 기술 혁신에서 경쟁우위를 가지고 있으므로 다른 나라(더 정확히 말하면 다른 나라의 노동자들)가 제조업에 종사하도록 하는 것이 경제적으로 이치에 맞는다. 그들은 미국이 기업가와 혁신가의 나라이며 이것이 미국의 경쟁우위이기 때문에 기업과 정부 리더들은 제조업이 고도의 기술을 요하는 것일지라도 해외로 나간다고 걱정할 필요가 없다고 주장한다. 실제로 오늘날 미국의 많은 스타트업들은 미국에서 연구개발이나 엔지니어링을 수행하기 위해 자본을 조달하는 데 어려움을 겪지 않고 있지만, 미국에 공장을 짓기 위한 자본을 구하려고 하면 벤처캐피탈vc들은 "어림없는 일"이라며 "제조는 중국, 멕시코, 인도 등 기타 저비용 국가에 외주를 해야 한다"고 말한다.

이러한 논리는 기술 혁신 과정에서 연구개발과 제조업을 분리하는 잘못된 전제에서 근거한다. 제조업이 저기술, 저임금의 지저분한 작업으로 잘못 인식되는 경우가 너무 많은 것처럼, 혁신 과정에 대한 잘못된 고정관념도 있다. 혁신이라는 단어에는 이런 이미지들이 떠오른다. 구석에 테이블 축구 기기가 있는 환하고 바람이 잘 드는 작업실, 스포티한 티셔츠를 입고 스타벅스 커피를 끊임없이 마시는 디자이너들, 고성능 CAD 스테이션의 화면에 시선을 고정시킨 괴짜 엔지니어들, 점심 식사를 하면서 냅킨에 사업 구상을 적는 20~30대의 기업가들 말이다.

이러한 활동들은 혁신이 아니다. 혁신은 실험실에서의 발견, 구상, 시제품 같은 것이 아니다. 혁신은 새로운 아이디어나 개념을 시장에 선보이는 과정이다. 최신 제품인 아이패드, 킨들, 획기적인 암 치료제, 새로운 전기자동차 등은 대서특필된다. 그러나 이면에는 종종 최고의 품질로 수백만 대의 제품을 경제성 있게 생산할 수 있어야 하는 복잡한 정밀 제조 공정 개발이 있다. 만약 혁신 과정에서 이 부분이 실패한다면, 혁신은 없고 공허한 약속만 남을 것이다.

우리는 제조가 항상 혁신 과정과 밀접하게 관련되어 있다고 주장하지 않는다. 관련이 있을 때도 있고 그렇지 않을 때도 있다. 연구개발과 제조 사이의 상호의존성 정도는 우리가 다음 질문에 답할 때 평가해야 할 중요한 문제이다. "제조업이 국가의 혁신 역량에 중요할 때는 언제인가?" 특정 상황에서 제품의 설계는 해당 제조 공정의 설계 및 운영과 밀접하게 연관되어 있어서, 이 둘을 분리해서 이야기하는 것은 거의 의미가 없다. 생산 문제를 해결하는 역량은 올바른 제품 특성, 설계 특징을 선택하는 능력만큼이나 혁신의 가치에 중요하다. 이러한 상황에서 제조업의 약점은 궁극적으로 혁신 역량을 약화시킬 것이다. 이와는 대조적으로 제품 연구개발이 공정 혁신과 제조와 완전히 분리될 수 있는 경우, (국가 혁신 역량의 건전성 유지 측면에서) 국내 제조업의 경우는 훨씬 더 그 영향이 약하다.

연구개발의 결정과 제조의 독립성

특정 제품이 연구개발과 제조 간에 높은 수준의 상호의존성을 가지고 있는지, 그리고 연구개발 사업으로부터 멀리 떨어진 지구 반대편으로 생산 부문을 이전하는 것이 장기적으로 기업의 (그리고 국가의) 기술혁신 능력을 해칠지 어떻게 알 수 있을까? 그러기 위해서는 두 가지를 살펴볼 필요가 있다. 서로 독립적으로 운영되는 연구개발과 제조 역량, 즉 모듈화의 정도[1], 그리고 제조 공정 기술의 성숙도가 그것이다.[2]

모듈화

연구개발과 제조의 모듈성이 높을 경우 제품의 주요 특성(특징, 기능성, 미적인 측면 등)의 가변성은 제조 공정에 의해 결정되지 않으며, 두 활동은 부작용 없이 멀리 떨어져 위치할 수 있다. 모듈성이 낮을 경우 제품 설계는 설계 명세서에 완전히 담을 수 없으며, 설계 선택도 미묘하고 예측하기 어려워 제조 선택에 영향을 미친다. 이런 경우에 연구개발과 제조는 가까운 곳에 유지하는 것이 도움이 된다.

높은 수준의 모듈화를 보여주는 간단한 예가 바로 이 책의 기획과 제작이다. 이 책을 쓰면서 우리는 '설계' 과정을 밟았다. 그러나 이 과정은 당신이 읽고 있는 물리적인 책 또는 디지털 책이 만들어진 과정과는 완전히 독립적이다. 저자인 우리는 책을 만드는 데 사용될 제작 과정에 대해 신경 쓸 필요가 없었다. 그리고 이 책을 제작하는 사람들은 책의 내용에 대해 걱정할 필요가 없었다.

모듈화 스펙트럼의 한쪽 끝에는 재조합 DNA 단백질 의약품 생산 과정이 있다. 이 경우 제품 개발과 제조는 밀접하게 관련되어 있다. 생명공학 의약품의 경우 연구개발은 바람직한 치료적 특성(예컨대 염증 감소)을 가진 제품(단백질 구조)을 식별하고 그 특정 단백질을 만들 수 있는 공정 설계를 모두 포함한다. 공정의 미묘한 변화(예컨대 제조 환경의 작은 변화)는 다른 단백질의 생성을 유발할 수 있다. 또한 제품에 영향을 미치는 모든 중요한 공정 변수가 정확히 이해되는 것도 아니다. 따라서 개발 과정에서 연구개발과 제조 사이에는 많은 시행착오와 반복이 있다. 사전 협의 없이 제품이 제조로 넘어가면 생산 규모를 확대하지 못할 가능성이 크다.

모듈화 정도를 결정하는 데 도움이 되는 두 가지 기본적인 질문은 다음과 같다.

첫째, 제품 설계자가 작업을 수행하기 위해 생산 공정에 대해 얼마나 알고 있어야 하는가? 생물학적 제제인 바이오로직스Biologics나 첨단소재 같은 경우, 모든 제품 설계는 독특한 제조 과정을 필요로 한다. 따라서 제품 설계자는 공정 선택에 대해 깊이 이해하지 않고는 설계를 할 수 없다. 이 같은 맥락에서 제품 혁신은 종종 공정 혁신을 수반한다.

모듈화 스펙트럼의 다른 쪽 끝에는 동일한 공정 기술을 사용하여 모든 제품 설계를 제작하는 것이 기술적으로나 경제적으로 가능한 상황이 있다. 이는 설계자들이 공정에 대해 생각하거나 심지어 이해할 필요 없이 마음 놓고 만들 수 있음을 의미한다. 작가, 소프트웨어 개발자, 작곡가가 그런 경우이다.

일부 산업은 이 중간 지점에 있다. 이들 산업은 공정에서 고려해야 할 사항을 제품 개발에 통합하기 위한 공식적인 접근법을 개발해 왔다. 그리고 특정 공정에서 적용될 일련의 상세한 '설계 규칙'을 만든다. 설계자들이 규칙을 따르는 한, 해당 제조 공정에 적용 가능할 것임을 확신할 수 있다. 대개 공정에 대한 제약은 제품 설계가 이러한 경계를 벗어나려고 할 때 강화된다.

둘째, 제품 설계자가 생산 공정에 대한 관련 정보를 얻는 것이 얼마나 어려운가? 공정 기술은 순수예술에서 순수과학에 이르는 스펙트럼에 걸쳐 있다. 순수하게 예술적인 최종 프로세스들은 명확하지 않고 묘사하기도 어렵다. 그것들을 이해하기 위해서는 그것들을 볼 필요가 있다. 심지어 그때조차도 그것들을 복제하는 것은 어려울 수 있다. 이러한 맥락에서 제품 혁신은 대개 제품 및 공정 개발과 실제 생산 과정의 피드백 사이에 많은 시행 착오를 거쳐야 가능하다.

성숙도

이는 분명히 상호연관성이 있기는 하지만, 공정이 기술의 시대보다 얼마나 많이 진화해왔는지를 의미한다. 미숙한 공정은 개선을 위한 가장 큰 기회가 된다. 1960년대에 듀퐁DuPont의 과학자들이 방탄복과 기타 고강도 용도에 사용되는 폴리아라미드 섬유인 케블러Kevlar를 처음 발견한 이후, 듀퐁은 15년간 5억 달러를 들여 제조 공정을 상용화하고 직조 방법을 개발했다. 공정이 성숙함에 따라 개선의 기회는 더욱 증가했다.

제조 기술이 미숙할 때는 공정 혁신에 주력해 성공할 수 있다. 1980년대 초 일본 반도체 회사들은 미국 경쟁사들이 놓쳤던 제조 기술을 발전시킬 수 있는 기회를 많이 활용해 메모리 칩 분야에서 우위를 점했다. 오늘날 첨단 평면 디스플레이, 생물학적 제제, 첨단 소재 같은 분야에서 공정 기술의 경계는 너무 빨리 움직이고 있어서 세계 수준의 혁신을 이루려면 유리한 위치를 선점해야 한다.

모듈화−공정 성숙도 렌즈를 통해 볼 때 제조와 혁신의 관계는 4개의 사분면으로 나눠진다(그림 4.1).

① 순수한 제품 혁신

제품 혁신을 제조와 긴밀하게 통합할 가치가 낮고, 공정을 개선할 기회가 거의 없다. 제조 외주가 매우 타당하다.

반도체 산업의 많은 부문이 이 사분면에 해당한다. 설계를 전문으로 하지만 '생산 시설을 소유하지 않는 패블리스fabless, 제조를 하지 않는 fabrication-less' 반도체 기업(퀄컴Qualcomm)이 발전하는 분야가 있고, (대만 반도체 제조회사처럼) 제조만 하고 설계를 하지 않는 기업이 발전하는 부문이 있는 이유를 보여준다.

그림 4.1 모듈화—공정 성숙도 매트릭스

높음

공정 기반 혁신 공정 기술은 성숙해 있지만 여전히 제품 혁신에 매우 중요하다. 공정의 작은 변화는 예측 불가능하게 제품의 특성과 품질을 변화시킬 수 있다. 설계는 제조와 분리될 수 없다. 예: 공예품, 고급 와인, 고급 의류, 열처리 금속 제조, 첨단소재 제조, 특수 화합물	**순수한 제품 혁신** 공정 기술이 성숙해 있고, 제품 설계를 제조와 긴밀하게 통합할 가치가 낮다. 제조 외주가 타당하다. 예: 데스크탑 컴퓨터, 소비자 가전, 원료의약품, 반도체
공정 중심의 혁신 주요 공정 혁신이 빠르게 발전하고 있으며 제품에 큰 영향을 미칠 수 있다. 연구개발과 제조를 밀접하게 통합하는 것의 가치는 매우 높다. 설계와 제조의 분리에 따르는 위험은 대단히 크다. 예: 생명공학 의약품, 나노 소재, OLED 및 전기영동 디스플레이	**순수한 공정 혁신** 공정 기술은 빠르게 발전하고 있지만 제품 혁신과 밀접한 관련이 없다. 제조 근처에 설계를 두는 것이 중요하지 않다. 예: 첨단 반도체, 고밀도 플렉시블 회로

낮음

공정 성숙도 : 공정 기술이 발전한 정도

낮음   **모듈화 : 제품 설계에 관한 정보가 제조 공정과 분리될 수 있는 정도**   높음

출처 : Gary P. Pisano and Willy C Shih, "Does America Really Need Manufacturing?", 하버드 비즈니스 리뷰, 2012년 3월, p.96

② 순수한 공정 혁신

이 사분면에서 공정 기술은 개선이 무르익고 빠르게 발전하지만 제품 혁신과 밀접한 관련이 없다. 수직적 통합이나 제조업 근처에 설계 부문을 두는 것은 중요하지 않으며, 전문 제조업체들이 설계에 초점을 맞춘 회사들과 계약해 주문형 생산을 하는 것이 타당하다. 그러나 기업들은 타사에 제조를 위탁하기 전에 공정 혁신이 이러한 맥락

에서 중요한 가치의 원천이 될 수 있다는 것을 명심해야 한다.

첨단 반도체가 이 사분면에 해당한다. 설계 규칙이 업계에서 나타나기 때문에 기업들은 자체 생산 공장을 운영하지 않고도 첨단 반도체 칩을 설계할 수 있다. 그러나 첨단 칩 생산 수율이 상대적으로 낮기 때문에, 중요한 공정 혁신은 여전히 경제성을 향상시킬 수 있다. 대부분의 독립형 기계 부품도 이 범주에 속한다. 고밀도 연성 회로를 만드는 경우 제조 공정에 상당한 공정 혁신이 있을 수 있다. 그러나 엔지니어링 규격에 구체화된 설계 규칙은 제조로부터 설계가 독립되어 있을 수 있게 한다.

③ 공정 기반 혁신

이 사분면에서 공정 기술은 기술의 성숙도와 함께 제품 혁신 프로세스에 매우 중요하다. 공정의 작은 변화는 제품의 특성과 품질을 예측 불가능하게 변화시킬 수 있다. 제품 혁신은 점진적으로 진행되며 공정의 미세한 조정에서 나온다(와인을 떠올려 보라). 따라서 연구개발과 제조를 조직적으로 통합하고 지리적으로 가깝게 유지하는 것이 유용하다.

고급 패션 같은 많은 전통적인 크리에이티브 비즈니스가 이 사분면에 적합하다. 고급 의류에서 직물 절단 방법 또는 솔기가 바느질되는 방법은 옷이 섬세하게 주름 잡히는 데 영향을 미칠 수 있다. 우리가 연구한 유럽의 한 고급 의류 생산업체는 공급사의 제조 엔지니어들과 회사의 제품 디자이너들이 끊임없이 정보를 교환해야 하기 때문에 국내 섬유 공급업체들과만 협력해 왔다.

④ 공정 중심의 혁신

획기적인 제품을 개발하는 첨단과학 부문에서 주요 공정 혁신은 빠르게 발전하고 있다. 공정의 사소한 변경도 제품에 큰 영향을 미칠 수 있기 때문에 연구개발과 제조를 밀접하게 통합하는 것의 가치는 매우 높은 반면, 분리에 따르는 위험은 대단히 크다. 경영자, 투자자, 분석가들은 항상 이러한 위험을 인식하지 못했다. 이들은 종종 제조업을 자본 낭비로 보면서 이 사분면에 있는 회사들이 외주 생산을 하거나 생산시설을 연구개발에서 멀리 떨어진 저비용 지역으로 옮기도록 요구한다. 요컨대 제조 역량을 잃으면 상업적으로 성공 가능한 신제품을 만들 수 있는 능력을 잃기 때문에 그 결과 피해가 막심할 수 있다.

생명공학이 좋은 예다.[3] 한 세기 이상 의약품을 만드는 데 사용되어 온 화학적 합성으로는 너무 복잡해서 불가능했던 큰 단백질 분자의 의약품 제조가 유전공학 기술로 가능해졌다. (동물세포 배양 공정 등과 같은) 공정 기술이 크게 발전하지 않았다면 암젠Amgen의 빈혈 치료용 에리트로포에틴Erythropoietin이나 로슈 제넨텍Roche Genentech의 유방암 치료제 헤르셉틴herceptin 같은 블록버스터급 의약품이 실험실에서 나올 수 없었을 것이다. 제넨텍의 초기 직원 중 한 명은 제조 경력이 있었고, 초기부터 이 회사는 자사 과학자들의 작업을 제조와 긴밀하게 통합했다.[4] 암젠은 업계에서 가장 강력한 공정 중심의 혁신을 이끄는 과학자 그룹 중 하나를 보유하고 있다. 이러한 복잡한 공정을 실행하는 역량이 상업적 성공과 실패를 결정한다.

공정 혁신과 제품 혁신의 관계를 이해하는 또 다른 기업으로는 인텔Intel이 있다. 인텔의 공정 연구개발과 제조 역량은 제품 혁신을 위한 새로운 길을 열었다. 앞서 우리는 많은 반도체 회사들이 더 이상 자신들이 설계한 칩을 제조하지 않는다고 언급했다. 설계 전략이 공정의 한계를 넘어서는 것이 아니라면 제3의 계약업체에 제조를 맡기는 것은 매우 타당하다. 그러나 인텔의 전략은 그 한계를 넘어 더 작고, 더 밀도가 높으며, 더 복잡한 칩으로 더 많은 성능을 채워 한계에 도전하는 것이다. 인텔이 2012년 봄에 출시한 최첨단 마이크로프로세서(코드명 '아이비 브리지Ivy Bridge')가 대표적이다. 인텔은 칩이 기존 마이크로프로세서보다 더 빠른 속도로 작동하지만 동일하거나 더 낮은 전력 소비량으로 작동할 수 있도록 실리콘으로 만들어 미세 조정한 3차원 핀과 같은 구조를 가진 핀필드 트랜지스터FinFETs라는 새로운 트랜지스터 기술을 채택했다. 경쟁사들은 이와 유사한 칩을 인텔보다 4~5년 정도 뒤처져 내놓을 것으로 보인다.[5] 이들 칩의 제조에는 22나노미터 공정이 필요하기 때문이다. 인텔은 직접 제조를 관리하며 칩을 제조하는 특허 공정을 개발했기 때문에, 인텔의 칩 설계자들은 외주로 제조했던 경쟁사들보다 새로운 공정의 기회와 한계를 더 잘 이해할 수 있었다.

그렇다면 언제 제조업이 중요한가?

우리가 제시한 틀은 미국 제조업의 쇠퇴가 미국과 미국 기업의 기술 혁신 역량에 미치는 부정적인 영향에 대해 걱정해야 할 때와 그렇지 않을 때를 파악하는 데 도움이 될 수 있다. 만약 제품이 우리가 제시한 매트릭스의 왼쪽 상단 사분면(공정 기반 혁신)이나 왼쪽 하단 사분면(공정 중심의 혁신)에 속하는 경우라면, 제품 연구개발에 초점을 맞추고 타사에 제조를 맡기는 것이 좋다는 주장은 잘못된 것이다. 따라서 제조를 다른 나라로 옮기면 결국 연구개발 부문 또한 이동해갈 것이다.

결정적으로, 최종 제품과 그 개별 부품이 속한 사분면은 다를 수 있다. 아이패드를 예로 들어보자. 이 제품은 순수한 제품 혁신 사분면에 속하며, 이는 캘리포니아에서 성공적으로 제품을 설계할 수 있는 이유를 설명해 준다. 그러나 많은 부품은 최종 조립이 이루어지는 아시아에서 설계되고 생산된다. 아이패드의 많은 부품들(예컨대리튬 이온 배터리와 터치스크린)은 연구개발과 제조가 서로 가까이 위치해야 하는 다른 사분면에 속한다. 더욱이 다른 나라에 이들의 연구개발과 제조 역량이 자리 잡고 있다면 이런 역량을 필요로 하는, 앞으로 나오게 될 제품들도 이들 국가에서 생산될 것이다.

이것은 가설 같이 들릴지도 모르지만 사실 그렇지 않다. 이러한 경우는 이미 많이 존재했다. 한 가지 좋은 예가 디지털 사진의 부상이다.

사람들이 알고 있는 것과 달리, 코닥은 디지털 혁명이 시작될 때 잠자코 있지 않았다. 코닥은 오랫동안 디지털 기술을 연구해왔고, 1994년에 최초로 애플 제품에 사용될 소비자용 디지털 카메라 중하나를 생산했다. 약 30년 전에 코닥은 가장 단순한 필름 카메라를 제외한 필름 카메라 생산을 중단했다. (이 전략은 필름 사업은 수익성이 매우 좋지만 카메라 사업은 수익성이 없기 때문에 카메라 생산은 재무적인 가치가 없다는, 겉보기에 흠잡을 데 없어 보이는 논리에 따랐다.) 니콘, 캐논, 올림푸스, 아사히 펜탁스, 미놀타 등의 회사가 그 자리를 차지하면서 카메라 산업이 일본으로 이동했다.

당초 코닥은 미국에서 연구개발과 설계, 최종 조립, 시험 등을 유지하고 일본 공급업체로부터 부품을 구매할 계획이었다. 당시 코닥의 고위 간부였던 저자(월리)가 일본을 방문했을 때 이 전략의 문제점이 빠르게 드러났다. 디지털 카메라는 꽤 복잡했다. 디지털 카메라에는 광학, 기계공학, 전자공학 기술이 합쳐졌고, 많은 제조 공정들이 빠르게 발전하고 있었다. 이는 제품의 설계와 공정이 모듈화되지 않음을 의미했다. 디지털 카메라 제품은 공정 기반 혁신 사분면에 해당했다. 설계의 작은 변화는 조립의 용이성 또는 생산된 이미지의 품질을 크게 변화시킬 수 있었다. 이처럼 제품 연구개발과 공정 연구개발이 분리될 수 없는 성격상 엔지니어가 공장을 왔다 갔다 할 수 있도록 지리적으로 서로 가까운 곳에 모든 기능이 있는 것이 매우 중요했다.

일본 나가노현의 스와가 바로 그런 지역이다. 스와는 깊은 기술적 전문 지식을 가진 공급사들이 과거부터 함께 협력하면서 강력한 지역 네트워크를 형성한 카메라(특히 소형 모델)와 휴대용 소형 가전제품 생산이 활발한 공유지였다. 제품 수명이 짧고 시장 출시 시간이 중요한 디지털 카메라 같은 사업에서 공유지의 구성원들이 신제품을 신속하게 개발할 수 있는 능력은 엄청난 장점이었다. 시계, 프린터, 소형 전자 디스플레이를 만드는 세이코 엡손Seiko Epson, 줌 렌즈와 다

양한 광학 부품을 생산하는 니토 고가쿠Nittó Kógaku K.K, 디지털로
영상을 담는 CCD 센서를 만드는 소니와 마쓰시타Matsushita, 회로기
판, 금형 플라스틱 및 플라스마 제조용 금형 사출, 소형 기계부품,
셔터 버튼, 카메라 전자 플래시 튜브, 충전식 배터리를 제조하는 중
소 규모 업체들이 이 지역에 있었다. 또한 코닥이 지분을 매입한 카
메라 및 렌즈 제조업체인 치논 인더스트리즈Chinon Industries의 본사
가 소재했다.

  카메라 산업이나 가전 산업이 없던 뉴욕 로체스터의 설계자는 큰
난관에 봉착했다. 제품의 라이프 사이클이 1년도 안 되었기 때문에
로체스터와 스와 사이를 비행기로 오가는 것은 적절치 않았다. 비
싼 항공료 외에도 너무 많은 시간이 소비됐다. 1998년, 코닥은 로체
스터의 고도로 자동화된 카메라 조립 라인을 폐쇄할 수밖에 없었고,
소프트웨어 사업을 제외한 디지털 카메라 설계 부문을 일본으로 이
전했다.

  이 장에서 우리는 공유지의 쇠퇴가 한 국가의 혁신 잠재력에 심각
한 문제가 됨을 납득시키고자 했다. 이제 미국에서 지난 40년 동안
독보적이며 비옥한 공유지를 낳았던 결정과 상황, 그리고 공유지를
쇠퇴시켰던 결정과 상황을 살펴보자.

5장

미국 산업 공유지의
흥망

$$+ - \times \div$$

세 가지 힘이 산업 공유지의 성쇠에 중요한 역할을 한다. 정부 정책 (예: 연구 자금 지원), 기업 전략과 경영 의사결정(예: 연구개발 투자, 지역 선정), 그리고 외부적 상황(예: 전쟁, 국내 시장의 규모)이 그것이다. 이 장에서는 이 힘들이 어떻게 상호작용하여 미국 산업 공유지의 성장을 촉진하고 쇠퇴에 기여했는지 살펴볼 것이다. 우리의 목표는 백과사전식 역사 나열이 아니라 6장과 7장에서 우리가 제시하는 처방전의 배경을 설명하는 것이다.

미국 산업 공유지의 성장

3장에서 언급했듯이 대량 생산과 관련된 최초의 미국 산업 공유지는 미군이 병기 공장을 설립해 호환 가능한 부품으로 무기를 생산하기로 한 결정에 뿌리를 두고 있다. 이로 인해 순차적인 생산 시스템에 배치된 특수 목적용 기계로 생산성의 막대한 증가를 일으킨 미국식 생산 체계의 발전이 이루어졌다.[1] 1855년, 코네티컷주 하트포드에 설립된 민간의 콜트식 권총 병기 공장과 연방 병기 공장은 재봉틀, 섬유 기계, 가구, 자물쇠, 시계, 자전거, 기관차, 자동차 등 다른 많은 초기 제조 산업들을 먹여 살린 공유지를 만들었다.

국내의 대규모 시장도 대량 생산을 위한 공유지 구축에 중요한 역할을 했다. 국가의 성립부터 19세기까지 미국 시장의 규모가 엄청나게 성장한 상황도 부분적인 역할을 했다. 정부 정책 역시 국내 시장의 발전에 기여했다. 국가 교통 및 통신 시스템의 구축이 좋은 예다. 1860년대의 태평양 철도법은 국가 철도망 개발을 위해 기업들에게 약 42만 제곱킬로미터의 토지를 제공했다.[2] 철도와 철도를 따라 이어진 전신망은 미국 내 대규모 시장의 동맥이 되었고, 미국에서 제2의 산업혁명을 일으켰다.[3] (1950년대 아이젠하워 정권에서 시작된 국가 고속도로 시스템을 위한 자금 조성이 또 다른 예다.) 민간 기업들은 빠르게 성장하는 국내 시장으로 인해 생산과 유통에 (추후에는 연구개발에) 대규모의 투자를 했다.[4] 미국과는 대조적으로 유럽 시장의 성장은 유럽 국가들 간의 서로 다른 문화와 언어, 무역 장벽과 정치적 군사적 충돌, 단일 통화의 부재 등으로 인해 20세기 막바지까지 지연되었다.

또한 미국의 기업 혁신, 즉 현대적이고 전문적으로 경영되는 기업의 등장이 미국 산업 공유지의 발전에 크게 기여했다.[5] 경영 사학자 알프레드 챈들러가 밝힌 바와 같이 거대한 미국 시장에 서비스를 제공할 수 있는 대규모 제조 기술 및 유통 능력은 현대적 기업 구조의 등장, 다시 말해 경영과 소유의 분리, (이사회와 같은) 지배구조와 경영의 계층적 구조 구축, 전문 경영진의 등장으로 인해 가능했다.[6]

미국에서 대량 생산 능력에 기반한 공유지의 성장은 3가지 핵심 요소 중 하나가 없었다면 상상하기 어려웠을 것이다. 정부가 처음에 투자를 통해 병기 공장에 씨앗을 뿌리지 않았다면 불가능했을 것이다. (철도 및 전신 통신망의 증가에 의해 통합된) 대규모 국내 시장이라는 상황은 규모의 경제를 활용할 수 있는 기회를 창출했다. 그러나 이러한 규모의 경제를 실현하기 위해서는 민간 기업의 대규모 투자가 필요했다. 새로운 기업 형태인 현대적 기업의 발명으로 기술과 기업의 역량을 키울 수 있는 투자가 가능해졌다.[7] 이 같은 조건들은 유럽에서는 마련되지 않았다. 이처럼 민간 부문, 정부 부문, 경제적 상황이 상호작용한 결과 제2차 세계대전 이후로 계속해서 기술 기반 공유지가 등장했다.

기술 기반 제조 공유지의 씨앗

미국이 교육을 중시하게 된 것은 식민지 시대로 거슬러 올라간다. 교육은 기술 산업에서 미국이 두각을 나타내는 데 기여했다. 초등 교육 및 중등 교육은 19세기에 미국 전역에 보편화됐다. 1862년의 모릴법Morrill Act, 토지법Land Grant Act이라고도 한다은 미국의 고등 과학 및 기술 교육을 크게 강화했다. 이 법을 통해 각 주에서 농업, 가정학, 기계학 및 기타 '실용적' 직업 분야에서 학생들을 교육하는 교육 기관 설립이 촉진됐다. 철도, 전신, 기타 산업의 수요 증가에 대응하여 매사추세츠 공과대학MIT과 스티븐스 공과대학Stevens Institute of Technology 같은 학교가 설립되었고, 예일 대학과 컬럼비아 대학 같은 엘리트 대학에 공학 교과과정이 추가되었다.[8] 제2차 세계대전이 일어나기 전에도 미국 대학들은 항공 공학 같은 몇몇 응용과학 분야를 교과과정에 포함했다.

듀퐁, GE, AT&T, 웨스팅하우스Westinghouse 같은 미국 기업들이 19세기 후반과 20세기 초에 기업 연구소를 설립한 것은 미국 산업 공유지의 성장에 있어서 또 하나의 중요한 발전이었다.[9] (이들은 독일의 대형 화학회사와 제약회사들의 선례를 따르고 있었다.) 이 기간 동안 많은 독립적인 발명가들과 독립 실험실이 있었지만(예컨대 에디슨의 멘로파크Menlo Park 연구소), 기업들은 연구와 영리활동 사이의 더 나은 통합을 위해 자체 연구소를 세우기 시작했다. 이들 기업은 또한 연구를 경쟁에 대항할 수 있는 방어 무기로 보기 시작했다. 예를 들어 AT&T는 무선통신이 전화 사업에 가하는 위협에 대응하여 연구소를 설립했다. 점점 더 많은 미국 기업들이 혁신을 기업 전략의 중요한 요소로 간주하기 시작했고, 어떤 기업(예컨대 듀퐁)에서는 과학연구 능력이 사업의 핵심 기반이 되었다.[10]

반독점법과 특허법, 그리고 이들 법의 시행을 포함한 정부 정책들 또한 경쟁을 위해 혁신과 과학적 연구에 기대는 추세를 장려했다.[11] 19세기 후반 미국 법원이 셔먼Sherman 독점 금지법을 엄격하게 해석하자, 가격이나 생산을 통제하기 위한 협약을 맺은 경쟁사들이 민사소송의 대상이 되었다. 그리고 19세기 후반과 20세기 초의 법원 판결은 기업이 자신들이 발명한 제품을 보호하고 사용료를 받을 수 있도록 특허 사용을 강화시켜 주었으며, 이는 기업들로 하여금 연구개발을 특허를 위한 강력한 경쟁 무기로 여기게 했다.

마침내 기업들은 자신들의 사업과 관련이 깊은, 성장하고 있는 회사 외부의 과학 역량을 활용하기 위해서는 과학 및 연구에 대한 내부 역량이 필요하다는 것을 깨닫기 시작했다.[12] 다시 말해서 기업들은 강한 내부 연구 역량을 키워 더 큰 공유지에서 만들어지는 노하우를 더 잘 흡수하고 이용할 수 있었다.

제2차 세계대전에 이르기까지 미국 기업들의 세계적인 경쟁우위는 대량 생산과 유통 방법을 조직화된 과학 중심 연구와 결합시킬 수 있는 역량들에서 비롯되었다.[13] 이는 또한 발명과 혁신을 대규모로 활용할 수 있는 역량과 기업의 경영 역량에서 비롯되었다. 우리가 언급했던 화학 및 전기 산업에서 이 같은 미국 기업의 역량을 엿볼 수 있다. 듀퐁, GE, 웨스팅하우스, AT&T 같은 회사들은 자사의 연구소에서 계속해서 아이디어를 만들어내고, 그 아이디어들을 대량 생산품으로 전환해 높은 수익을 올려 다시 재투자할 수 있었다.

제2차 세계 대전 후 기술 기반 산업 공유지의 부상

제2차 세계대전은 미국의 생산 능력 및 기술 능력에 대한 막대한 공공 및 민간 투자를 촉발시켰고, 유럽과 아시아의 많은 산업 기반을 파괴함으로써 미국이 오랫동안 경제적 우위를 지키는 장을 마련했다. 전쟁은 미국에서 과학에 대한 인식을 바꿔 놓았다. 미국이 가진 대부분의 과학 및 기술 자원은 전쟁 물자 지원에 동원되었고, 학자들은 산업계의 과학자들, 기술자들과 함께 일했다. 이들이 일군 혁신은 레이더, 근접신관(필요할 때 탄두가 폭발하도록 해 주는 퓨즈 - 옮긴이), 항생제, 컴퓨터, 원자폭탄이었다. 미국 대중은 과학자들을 전쟁에서 승리하는 데 중요한 역할을 한 영웅들로 보았다.[14]

그림 5.1 미 연방정부 기초과학 및 응용 연구비 지출(10억 달러, 2000년도 불변가격 기준)

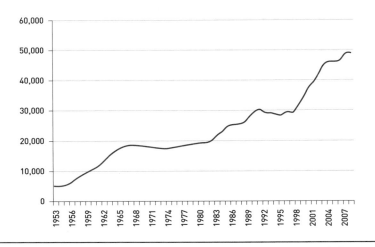

출처 : 국립과학재단, 과학 및 공학 지표 2010

전쟁이 끝나기 1년 전, 프랭클린 루즈벨트 대통령은 과학연구개발국 국장인 바네바 부시Vannevar Bush에게 평화 시 과학의 역할을 전망해 줄 것을 요청했다.[15] 이후 〈과학, 그 끝없는 미개척지Science: The Endless Frontier〉라는 제목으로 발표된 그의 보고서에서, 부시는 전쟁중에 모인 연구개발 능력이 위축되지 않도록 해야 하며, 연방정부는 기초 연구를 지원할 책임을 져야 한다고 주장했다. 루즈벨트 대통령은 전쟁이 끝나기 전에 사망했지만 그의 후임 대통령들과 의회는 부시의 보고에 주의를 기울였다. 전쟁이 끝난 후 수십 년 동안, (소련과의 군비 경쟁에 몰두했던) 국방부 같은 기존 부서와 국립과학재단과 국립보건원 같은 새로운 기관을 통해 기초과학 및 응용과학 연구에 대한 연방 기금이 급증했다.

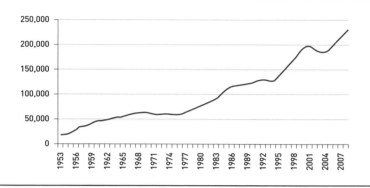

그림 5.2 연구개발에 대한 기업의 총 연구개발 지출 (10억 달러, 2000년도 불변가격 기준)

출처: 국립과학재단, 과학 및 공학 지표 2008

또한 전후에는 제대 군인 원호법GI Bill(제대 군인들을 대상으로 한 학자금 지원 프로그램 – 옮긴이)과 미 전역에 걸친 경제적 풍요로 인해 대학 학위를 가진 미국인들의 수가 엄청나게 증가했다. 과학자와 기술자의 수가 크게 증가했지만, 이들은 대학 연구 시스템의 확대, 정부 재정 지원 연구, 연구 프로그램을 만들거나 확대하려는 회사들의 수요 때문에 직업을 찾는 데 거의 어려움을 겪지 않았다. (그림 5.2 참조)[16]

군대의 수요는 완전히 새로운 기술력의 분야를 낳았다. 예를 들어 텍사스 인스트루먼트Texas Instruments 같은 기업들의 집적회로 개발에 결정적이었던 것은 대륙간 탄도미사일ICBM에 사용할 수 있는 전자 기기의 필요성이었다. 우주에서 작동하는 인공위성에 전력을 공급할 필요성은 태양전지판의 초기 개발을 이끌었다. 그리고 B-1 폭격기를 위해 설계된 F101 제트 엔진은 오늘날 보잉 737과 에어버스 A320에 동력을 공급하는 CFM56 상용 엔진군의 핵심 고온부에 대한 근간이 됐다.

　제2차 세계대전 이후 30년 동안 지속된 산업계의 연구는 미국이 세계 어느 곳에서도 만들 수 없는 제품을 만드는 데 도움이 됐다. 미국 기업들은 해외 기업들보다 훨씬 앞서서 새로운 과학 분야를 개척하는 최첨단 기술을 도입했고, 이들의 외국 자회사는 많은 경우 각 시장을 지배했다. 미국의 경쟁우위에 대해 의심할 여지가 없는 시대였다.

공유지의 비극: 미국이 기술 리더십을 잃는 이유

우리는 앞 장에서 미국의 기술 리더십과 경쟁력의 쇠퇴를 종합적인 통계와 구체적인 사례 연구로 다뤘다. 반도체의 경우가 공유지의 흥망성쇠를 잘 보여준다. 반도체 공정 기술은 반도체 칩, 태양광 전지, LED 조명, 고화질 디스플레이 등 다양한 분야를 지원하는 기초 역량이다.

　반도체 공유지는 다양한 인력, 기업, 역량을 포함한다. 공유지의 구성원에는 칩 제조 인력과 기업들 외에도 장비 제조사, 순수 실리콘 웨이퍼, 화학 약품, 산업가스 같은 재료 공급사들, 칩 설계, 생산 일정 계획, 제조 후 칩 시험과 같은 다양한 활동을 위한 소프트웨어를 개발하는 인력과 기업들, 주로 대학교와 첨단 칩 회사에서 기초 연구개발을 하는 재료 과학과 장치 물리학device physics 연구자들이 포함된다.

30년 전만 해도 미국은 반도체 개발 및 제조 분야의 확고한 선두 주자였다.[17] 반도체 공유지는 그만큼 미국에 깊이 뿌리박고 있었다. 트랜지스터, 집적회로, D램, 마이크로프로세서는 모두 미국에서 발명되고 최초로 제조되었다. IBM과 텍사스 인스트루먼트 같은 반도체 선구자들이 자신들만의 장비를 만들어 거의 모든 것을 했기 때문이다.[18]

그러나 반도체 제조를 떠받쳤던 미국의 공유지들은 서서히 그리고 가차 없이 시들어갔다. 마이크로프로세서 분야에서 강력한 아키텍처 독점 판매권 때문에 성장했던 인텔을 제외하고, 업계에서 오직 패블리스 디자인 부분만이 여전히 활기를 띠고 있다. 세계 반도체 파운드리(위탁 생산)의 70%는 대만이 차지하고, 나머지 대부분은 싱가포르, 중국, 한국, 일본이 차지하고 있다. 마이크론 테크놀로지 Micron Technology를 제외하면, 미국에 D램을 생산하는 기업은 없다. 이에 반해 한국과 대만이 세계 시장에 D램을 거의 대부분 공급하고 있다. 미국에는 플래시 메모리 제조에 필요한 충분한 역량이 없다.[19] 어플라이드 머티리얼즈와 같은 장비 제조업체들은 장비 조립을 미국에서 아시아로 점점 더 이전하고 있다. 쿨리케앤소파Kulicke & Soffa) 같은 일부 장비 제조사들은 본사마저 미국에서 아시아로 이전하고 있다. 칩 테스트(웨이퍼wafer 검사)와 패키징도 미국 이외의 지역에서 거의 100% 이뤄진다. 칩 패키징 재료를 공급하는 공급사가 미국에 거의 없기 때문이다.

미국의 반도체 공유지가 이렇듯 쇠퇴한 이유는 공격적인 외국의 경쟁사들이 있었고, 많은 공유지 구성원이 공유지의 장기적인 건전성을 책임지지 못했기 때문이다. 미국 연방 정부와 주 정부는 다른 국가의 낮은 세금과 후한 보조금 때문에 미국 기업들이 새로운 수십억 달러짜리 제조 공장을 국내에 짓는 것을 언짢게 받아들이는 사실을 태평하게 무시했다. 칩 설계만 하고 제조는 외주를 주는 미국의 패블리스 기업들은 미국에서 위탁 생산 부문의 건전성 유지에 대한 책임감을 느끼지 못하고 기꺼이 제조 부문을 아시아로 이전했다. 마지막으로 미국 칩 제조업체들은 일본, 대만, 한국 기업들의 공정 능력, 품질, 비용, 유연성을 따라잡는 데 실패했다.

이와 같은 쇠퇴가 시작된 것은 일본 국제무역산업성이 초대규모 집적회로 분야에서 연구 계획을 시작했던 1970년대로 거슬러 올라간다. VLSI(초대규모 집적회로) 프로젝트의 주된 목표는 메인프레임 컴퓨터에 사용되는 반도체 제조를 위한 국내 역량을 향상시키는 것이었다. 일본 정부가 자금의 40%를 지원한 이 프로그램은 통합과 구조조정을 통해 국내 산업을 강화하고자 노력했으며, 리소그래피, 회로 설계, 웨이퍼 가공 및 테스트, 컴퓨터 보조 설계에 초점을 맞췄다. 5개의 일본 회사가 이 프로젝트에 참여해 일련의 역량을 개발할 수 있었다.

초기에 미군이 집적회로 수요를 주도했던 미국과 달리 일본 내 수요는 이미 일본으로 이전한 소비자 가전업계와 일본전신전화NTT가 주도했다. 두 회사 모두 D램 칩에 대한 엄청난 수요처였다. 따라서 일본 업체들은 D램 같은 공정 개발 위주의 제품과 설계에 덜 집중한 제품에 초점을 맞추고 우수한 제조를 중시했다. 위탁 계약 과정에서 미국 회사들은 제조에 많은 관심을 기울이지 않았다. 결과적으로 미국 회사들의 공정은 그리 좋지 않았다. 일본 산업의 또 다른 커다란 경쟁우위는 캐논과 니콘 같은 국내 광학 리소그래피 장비 공급사들이었다. 그 결과, 일본 회사들은 텍사스 인스트루먼트, 마이크론, IBM을 제외한 모든 미국 기업을 D램 부문에서 몰아냈고, 미국의 반도체 장비 제조업체들의 생존을 매우 의심스럽게 만들었다.[20]

반도체 칩 설계를 실제 제조와 분리시킨 돌파구가 마련되면서 미국에 구원이 찾아왔다. 1980년대, 미국 국방고등연구계획국DARPA의 자금 지원을 받은 연구원들이 반도체 설계자들의 설계를 컴퓨터에 입력할 수 있도록 반도체 제조를 위한 설계 규칙을 내놓으면서 반도체 제조 공장이 칩을 생산하는 데 사용할 수 있는 지침들이 쏟아져 나왔다. 퀄컴과 엔비디아Nvidia 같은 매우 성공적인 신생 기업을 포함한 많은 미국 기업들은 '패블리스'를 채택했다. 미국 기업들은 칩 설계를 하고, 연구개발에 투자하고 위탁 생산 계약을 하는 파운드리 업체의 설립과 성장을 지원하는 인센티브를 제공하는 대만과 싱가포르 같은 국가에 생산을 외주했다. 대만 반도체 제조회사 TSMC, Taiwan Semiconductor Manufacturing Company, 유나이티드 마이크로일렉트로닉스UMC, United Microelectronics Corporation 같은 반도체 위탁 생산업체들이 있는 대만은 현재 전 세계 생산량의 약 70%를 차지하고 있으며, 나머지 대부분은 싱가포르, 중국, 한국, 일본이 차지하고 있다.[21]

반도체 제조업의 무게 중심이 아시아로 이동함에 따라 나머지 공유지들도 이동했다. 어플라이드 머티어리얼스, KLA 텐코Tencor, 쿨리케앤소파 등 미국의 반도체 생산 장비 공급사들은 업계의 선두 자리를 유지하고 있다. 그러나 고객사들과 가까워지기 위해 어플라이드 머티어리얼스는 아시아에서의 장비 조립과 연구개발 수행을 늘리고 있고, 쿨리케앤소파는 본사를 펜실베이니아에서 싱가포르로 옮겼다. 그리고 중국이 전자제품 제조의 중심지로 부상함에 따라 패블리스 설계 회사(반도체 설계 전문회사 – 옮긴이)들조차도 고객사들과 더 가까워지기 위해 아시아로 자원을 이전하고 있다.

프리스케일 반도체Freescale Semiconductor, 텍사스 인스트루먼트 같은 소수의 종합 반도체기업integrated design manufacturers, IDM은 여전히 미국에서 제조를 하고 있다. 그러나 최첨단 반도체 제조 능력을 유지하는 데 드는 막대한 비용으로 인해 거의 모든 종합 반도체기업들은 미국의 오래된 공장은 계속 운영하고 아시아의 파운드리에 후반 공정을 위탁하는 '팹라이트fab-lite(자체 생산보다 파운드리를 적극 활용 – 옮긴이)' 전략을 선택했다.

인텔은 미국에서 여전히 생산을 많이 하고 있는 유일한 대형 반도체 칩 제조사이다. 인텔은 업계의 선두 기업이며, 수익성이 높고, 경쟁우위 유지를 위해 공정 기술에서 선두를 유지해야 하기 때문에 미국에서 제조를 계속할 수 있다.

미국의 반도체 공유지 감소는 다른 산업에도 이차적인 영향을 미치고 있다. 예를 들어 반도체 제조 장비 생산이 아시아로 이동해감에 따라 샌프란시스코 베이 지역의 정밀 가공 수요가 대폭 줄어들어 이러한 작업을 수행하는 업체 수가 감소했다. 그리고 이러한 쇠퇴는 이들 공급사들에 의존하는 다른 산업들(예컨대 항공우주, 정밀기계)에 문제를 일으킬 가능성이 있다.

반도체 공유지의 감소는 세 가지 힘의 상호작용에서 비롯되었다. 아시아 국가들의 적극적인 정부 정책(그리고 미국 정부의 정책 부족), 변화된 상황(아시아로의 제조, 조립 및 공급망 이전, 연구개발과 제조의 분리를 가능하게 한 기술의 변화), 민간 기업의 전략(패블리스 업체로 전환해 아시아에 생산을 위탁하기로 한 결정)이 그것이다. 이 장의 나머지 부분에서는 이 세 가지 힘이 어떻게 미국 산업 공유지를 재편해 왔는지에 초점을 맞출 것이다.

변화된 상황: 경쟁이 치열해진 세계

오늘날 세계 경제는 제2차 세계대전 전후(1945~1990년)를 지배했던 경제 구조와 크게 다르다. 1990년 이전의 미국 기업들이 '글로벌 경쟁'을 말할 때, 이는 대다수 미국 기업들에게 핵심 시장인 미국에 일본이나 유럽 기업들이 침입하는 것을 의미했다. 물론 미국 회사들은 해외 시장에 판매를 하고 다국적 기업들은 수십 년 동안 해외에서 활동해 왔다. 그러나 예외적으로 글로벌 마인드를 가진 몇몇 기업을 제외한 나머지 기업의 초점은 미국 시장이었다. 미국은 세계에서 가장 큰 시장이었고, 성장과 이윤의 가장 큰 원천이었다. (당시 유럽은 통합 전으로 각기 나눠져 천천히 성장하고 있었으며, 일본은 수입 장벽이 있어 뚫고 들어갈 수 없었다.) 일본이나 유럽 외 지역의 시장은 일반적으로 '기타other' 또는 '기타 세계ROW, rest of world'로 분류되었다. 유럽 기업들은 일반적으로 고급 시장에서만 뛰어났다(BMW와 메르세데스-벤츠 같은 고급차). 오직 일본 기업들만이 첨단 기술과 제조 분야에서 중요한 경쟁자로 여겨졌다.

이 모든 것은 1990년경 중국, 러시아, 동유럽, 브라질, 인도의 세계 시장 진입이라는 구조적인 변화와 함께 바뀌기 시작했다. 이 변화에는 두 가지 결과가 있었다. 하나는 경쟁 분야의 극적인 확장이었다. 미국 노동자들과 미국 회사들은 더 이상 일본과 유럽의 전통적인 (그리고 잘 알고 있는) 경쟁자들과 경쟁하지 않게 되었다. 낯선 곳에서 온 굶주리고 공격적인 경쟁자들이 한때 애정을 받았던 세계적인 '엘리트' 클럽의 문을 걷어차고 있었다.

이들 신흥국 저비용 노동력의 거대한 공급은 자석처럼 미국 기업들을 해외로 끌어들였다. 더 중요한 것은 이들 국가에서 (예컨대 중국의 대규모 연구개발 투자와 서구 기업들로부터의 기술 이전을 통해) 노동 인구의 기술력이 향상되고 축적됨에 따라, 이들 국가가 훨씬 더 매력적인 곳이 될 것이라는 점이었다. 이는 이들 국가들이 저부가가치 분야 (예컨대 저숙련 노동집약적 제조업)에만 경쟁적인 위협이 될 것이라는 가정을 재고하게 하는 것을 의미하기 때문에 중요한 변화다. 이는 또한 연구개발과 제조가 함께 위치하는 것이 중요한 상황에서, 연구개발과 제조가 모두 외국에 위치하는 것은 상황이 더 불리해진다는 것을 의미한다.

진행 중인 두 번째 구조적 변화는 시장의 크기와 시장 성장을 위한 기회에 관한 것이다. 미국 경제 발전에 있어 역사상 가장 큰 상수 중 하나는 매우 큰 (그리고 가장 큰) 국내 시장을 보유함으로써 얻는 강력한 이점이었다. 앞서 언급한 바와 같이, 이는 미국과 외국 기업 모두에게 미국에서 연구개발, 제조, 유통 역량을 구축하게 하는 강력한 인센티브였다. 미국은 여전히 세계에서 가장 큰 단일국가 경제

(유로존의 GDP와 거의 같다)이지만, 더 이상 가장 **빠르게** 성장하는 시장은 아니다. 이러한 명성은 이른바 BRIC(브라질, 러시아, 인도, 중국)으로 옮겨갔다.

2008년 경기 대침체가 미국과 유럽을 강타하기 전인 2003~2008년 동안 중국의 경제 성장률은 연평균 10%, 인도는 약 8%, 러시아와 브라질은 각각 6%와 4%였다.[22] 반면 같은 기간 미국 경제의 평균 성장률은 2.76%였다. 2000년과 2008년 사이, 중국만이 세계 경제 성장에 (다른 단일 경제와 모든 유로존보다 더 많은) 약 16%를 기여했다.[23] 그리고 중국은 빠르게 자동차, 휴대폰, 의료기기, 공장 장비, 기타 제품들의 가장 큰 시장이 되고 있다. 이는 본질적으로 미국이 '가장 큰 국내 시장'이라는 이점을 잃었거나 잃는 과정에 있다는 의미이다. 한때 미국 시장의 규모는 산업 공유지에 대한 투자를 끌어들이는 강력한 자석이었지만, 이제는 중국, 인도, 브라질 같은 나라들이 이러한 이점을 누리고 있다.

또 다른 큰 변화는 다른 국가들이 연구개발에 대한 투자와 이에 따른 교육적, 경제적, 사회적 이점 간의 밀접한 관계를 인식하고 있으며, 많은 경우 이들 분야에 대한 투자액에서 미국을 앞질렀다는 점이다. 제2차 세계대전으로부터 회복된 이후 많은 국가들이 과학과 교육에 점차적으로 더 많은 투자를 했다. 독일은 기초 연구 및 응용 연구에 많은 돈을 투자했다. 앞서 설명한 바와 같이 일본, 한국, 대만은 60년대, 70년대, 80년대, 90년대에 특정 기술력에 집중해 수많은 투자를 했고, 이는 이들 국가의 상대적인 글로벌 경쟁력에 극적인 변화를 가져왔다.

문화 혁명으로 경쟁력이 지연됐던 중국은 결국 규모와 범위 모두에서 가장 야심찬 노력을 기울이기 시작했다. 국가 하이테크 개발계획으로도 알려진 중국의 '863' 프로그램은 국가의 리더 기업들이 외국 기술 의존에서 벗어나 특정 기술 역량을 얻는 것을 목표로 했다. 이 프로그램은 처음에 생명공학과 첨단 농업기술, 정보기술, 신소재기술, 첨단 제조 및 자동화기술, 에너지기술, 자원과 환경기술 등 전략적 첨단기술 분야에서 국가 혁신 능력을 증진시키고자 했다.[24] 이후에는 전기통신과 해양기술이 추가되었다.

1997년, 중국 국가과학교육운영그룹은 '핵심기초연구개발 국가계획'과 '핵심기초연구사업 국가프로그램(973 프로그램)'을 출범시켰다. 이 두 가지 이니셔티브의 목적은 기초과학 연구를 강화하는 것이었다. 중국은 가장 최근의 12차 5개년 계획 같은 5년짜리 계획을 정기적으로 세우고 있다. 5개년 계획에는 7개 전략 신흥 산업 개발을 위한 35개 프로젝트가 있다.[25] 이들 프로젝트에는 조명 같은 고효율 에너지 절약 기술, 차세대 이동통신, 인터넷 핵심 장비, 사물인터넷, 클라우드 컴퓨팅, 하이엔드 소프트웨어 및 서버, 바이오 제약, 항공우주, 철도 및 운송, 스마트 어셈블리를 포함한 첨단 조립 및 제조, 원자력·태양열·풍력·바이오매스 전력 및 스마트 그리드, 첨단소재 및 복합재료, 전기 및 연료 전지 자동차 등이 포함되어 있다. 이 계획은 대학 및 연구소의 연구비 지원, 국유기업 전략, 특정 프로젝트와 정책, 인센티브에 대한 로드맵을 제시한다. 이러한 정책의 예가 LED 생산에 사용되는 유기금속화학증착 장비 구입 가격의 절반에 달하는 보조금이다. 몇 년 전 이와 유사한 프로그램은 태양전지에 사용되는 폴리실리콘에 대한 해외 공급사 의존도를 줄이기 위한 것이었다. 이러한 프로그램들은 중국이 이들 제품의 글로벌 생산 센터가 될 수 있도록 촉진했다.

새로운 세계를 따라잡지 못한 정부 정책의 실패

오래 전 미국의 정책 입안자들은 미국이 대부분의 과학 및 기술 기반 제조업에서 독보적인 위치에 있다고 마음 편히 생각할 수 있었다. 그러나 지난 몇십 년 동안 이러한 생각은 점점 더 약해졌고, 어떤 경우에는 완전히 시대에 뒤떨어진 것으로 보이게 됐다. 세계는 훨씬 더 경쟁이 심한 곳으로 변했다. 모든 기업이 기술 분야에서 경쟁하고 싶어 한다. 자본과 재화의 흐름에 대한 제약이 줄어들면서, 시장 역학관계로부터 이익을 얻을 수 있다고 생각되는 곳이라면 어디에서든 기업들이 사업을 하기가 더 쉬워졌다. 그리고 빠르게 성장하는 해외 시장은 미국 기업들로 하여금 미국을 벗어나 바깥 지역으로 진출하도록 유혹하고 있다.

미국의 정책은 이 새로운 현실과 보조를 맞추지 못했다. 미국 정부는 지나치게 자주 병의 원인보다는 증상에 초점을 맞춰 대응했고, 더 광범위한 결과를 고려하지 않고 정책을 펴왔다. 철강, 반도체, 자동차 같은 특정 산업들이 심각한 대외 경쟁에 직면하며 크게 쇠퇴했을 때 정부가 어떻게 반응했는지 생각해 보라. 정부는 수입 제한이나 자발적인 가격 제한('시장질서 유지협정'이라는 이름으로)의 형태로 도움을 주기 위해 나섰다. GM과 크라이슬러의 경우에는 구제금융을 제공했다. 그러나 기술 및 제조 경쟁력 저하(철강과 자동차의 경우 열악

그림 5.3 기초 연구 및 응용 연구에 대한 미국 연방정부의 지출
(10억 달러, 2000년도 불변가격 기준)

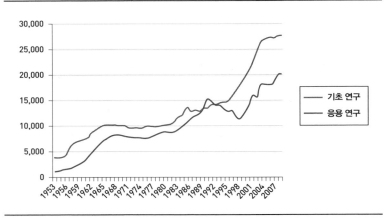

출처 : 국립과학재단, 과학 및 공학 지표 2010

한 노사 관계)라는 근본적인 원인은 수십 년 동안 존재했다.

공유지에 대한 정부 투자는 이러한 능동적이고 일관성 있는 사고의 부족을 반영한다. 우리가 앞서 언급했듯이, 미국 정부는 역사적으로 미국의 과학 기술 기반을 지원하는 데 중심적인 역할을 해왔다. 하지만 과학 연구에 대한 정부의 헌신이 아직 남아 있을까? 그것이 흔들리고 있다는 몇 가지 걱정스러운 징후가 있다. 기초과학 연구에 대한 정부의 지원은 1950년대부터 1990년대까지 수십 년 동안 꾸준히 증가했지만, 2003년경에 이르러 시들기 시작했다.(그림 5-3)

더욱 우려되는 것은 이 자금이 어떻게 기초 연구와 응용 연구 연구로 배분되었는가 하는 점이다. 기초 연구는 암세포의 성장을 조절하는 유전학적 메커니즘 같은 첫 번째 원리에 대한 이해를 심화시키기 위한 연구를 일반적으로 다룬다. 응용 연구는 어떤 특정 유전자

가 암과 관련되어 있는가처럼 현실 세계의 문제에 대한 더 구체적인 의문에 답하는 지식을 이해하려고 한다. 그림에서 보았듯이 과학 연구에 대해 미국 정부는 역사적으로 기초 연구와 응용 연구에 매우 균등하게 지원했고, 이는 과학 연구의 중요성을 반영하고 있다. 그러나 1990년 이후에는 더 이상 그렇지 않다. 응용 연구에 대한 정부 지출은 1990년에서 1998년 사이에 40%나 감소했다. 1998년 이후 급반등했지만 여전히 기초 연구에 한참 못 미친다.

우리는 기초 연구와 응용 연구의 구분이 실제와 지출의 회계 처리에서 모호하다는 것을 인정한다. 그럼에도 불구하고 이러한 상황은 우려되는 수준이다. 응용 연구는 순수과학과 상업적 개발의 가교 역할을 하기 때문에 혁신에 중요하다. 응용 연구 역량을 꽃피게 하지 못하면 미국 과학의 결실이 미국 내에서 맺지 못할 확률이 높아진다.

연구개발에 대한 연방정부 지원의 성격에도 상당한 변화가 있다. 생명과학에 더 많은 지원을 하고 물리학과 공학에 대한 지원을 축소하려는 뚜렷한 움직임도 보였다. 국립과학재단은 20년 동안 연방정부의 연구개발 자금 지원이 두 배 이상 증가했지만(인플레이션은 감안하지 않았다), 생명과학에 배분된 비중은 전체의 40%에서 약 50%로 증가했다고 보고했다.[26] 이러한 경향은 대학 연구자금 지원에 대한 그림 5.4의 자료에서 분명히 나타난다.

따라서 미국 정부가 (의학과 생물학에 관련된) 일부 공유지 분야들을 강력하게 지원해 왔지만, 다른 분야들(물리학과 컴퓨터과학)에 대한 지원은 확실히 보조를 맞추지 못하고 있다는 것을 알 수 있다.

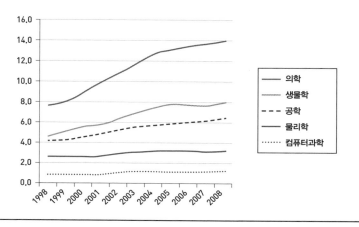

그림 5.4 분야별 대학 연구개발비 지출 (10억 달러, 2000년도 불변가격 기준)

출처: 국립과학재단, 과학 및 공학 지표 2010

공유지를 신경 쓰지 않는 기업들

산업 공유지의 붕괴에 기업이 어떤 역할을 하는지 이해하기 위해, 우리는 시간 경과에 따른 미국 대기업 표본 집단의 연구개발 지출과 자본 투자(제조 공장이나 기계 같은 고정자산 취득을 위한 투자 – 옮긴이)에 대한 데이터를 분석했다. 우리가 왜 이 두 변수를 선택했을까? 연구개발은 혁신에 필요하기 때문에 분명 중요하다. 또한 큰 스필오버(투자자가 완전히 획득하지 못한 경제적 이익)를 가지는 경향이 있기 때문에 중요하다. 자본 투자는 생산성을 높이고 임금을 끌어올리기 때문에 흥미롭다. 자본 투자는 또한 산업 공유지의 제조 요소에 중요한 토대다. 그래서 우리는 연구개발과 자본 투자를 추적함으로써 기업들이 얼마나 공유지에 물을 잘 주고 있는지에 대한 상황을 파악할 수 있다.

연구개발과 자본 투자에 대한 판단의 기준을 얻기 위해, 우리는 이 회사들이 배당금과 자사주 매입의 형태로 투자자들에게 얼마나 많은 돈을 지급하고 있는지를 추적했다. 연구개발, 자본 지출, 배당금 및 자사주 매입을 비교해 보면, 잉여현금흐름 사용의 패턴을 통해 미국 기업들이 경쟁우위를 점하는 데 얼마만큼의 우선순위를 두고 있는지 알 수 있다.

우리가 분석한 기간은 1980~2010년이다. 우리는 표본 집단을 다음과 같이 선정했다. 우선 매년 시가총액이 가장 큰 1,000개의 회사를 선택했다. 그러고 나서 연구개발비 지출을 보고하지 않은 회사를 없애고, 표본 집단에 제조업 기업들만 남겨 두었다. 표본 집단을 제조업 기업으로 제한하고, 표본 집단에 서비스 및 비서비스 기업을 합쳐놓았을 때 일어나는 변화가 총 연구개발 지출의 현황을 혼란스럽게 하는 것을 걱정할 필요가 없도록 했다. (예를 들어 연구개발에 많은 비용을 쓰지 않는 서비스 기업들이 시간 경과에 따라 상위 1,000개 기업 안에 더 많이 들어간다면, 미국 기업들이 연구개발비 지출을 줄이고 있는 것으로 보일 수도 있다.) 연도에 따라 표본 집단에는 300개에서 500개의 회사가 있었는데, 이는 미국 기업들이 모두 지출한 연구개발비의 상당 부분에 해당한다. 분석 결과는 그림 5.5와 같다. 우리는 시각적으로 명료하게 보이기 위해 배당금과 자사주 매입을 합쳤다. 한 가지 주의할 것은 1992년까지는 표본 집단의 자사주 매입에 대한 자료를 구할 수 없었기 때문에, 1992년 이전의 '배당금+자사주 매입' 수치는 사실 배당금이라는 점이다. 그러나 1990년 이전의 자사주 매입액은 비교적 적었기 때문에, 자사주 매입이 빠졌다고 해서 전반적인 추세에는

그림 5.5 미국 기업의 연구개발비, 자본 지출, 배당금+자사주 매입
(10억 달러, 2000년도 불변가격 기준)

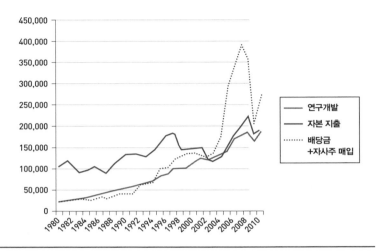

출처: 컴퓨스탯(Compustat, 글로벌 기업 정보 데이터베이스 – 옮긴이) 자료를 바탕으로 한 저자 분석

거의 영향을 미치지 않았을 것이다.[27]

　자료를 보면 두 가지 추세가 두드러진다. 첫 번째는 연구개발 투자 및 자본 지출에 비해 주주들에 대한 환원이 급증한 것이다. 1980년부터 2001년까지 배당과 자사주 매입을 통한 주주들에 대한 환원은 연구개발 투자비와 거의 같았다. 그래서 우리는 회사들이 (연구개발을 통한) 잠재적인 수익을 위해 1달러를 투자하고 주주들에게도 1달러를 돌려줬다고 생각할 수 있었다. 그러나 2000년대에는 (주로 자사주 매입에 의한) 주주환원 급증으로 인해 상황이 극적으로 바뀐다. 지난 10년 동안 기업들은 연구개발이나 자본 지출에 재투자하는 것보다 잉여현금흐름에서 주주들에게 훨씬 더 많은 부분을 떼어주는 쪽

을 택했다.

두 번째로 주목할 만한 경향은 1990년대 중반 이후 자본 지출의 상대적인 침체다. 1992년과 2010년 사이, 총 연구개발 지출은 186% 증가했고, 배당과 자사주 매입은 341% 증가했다(자사주 매입만 놓고 보면 777% 증가했다). 그러나 자본 지출은 50% 증가에 그쳤다. 물론 자사주 매입은 금융 위기로 크게 줄었다. 2008년까지의 자료를 보면 상황은 훨씬 더 놀랍다. 연구개발 지출은 1992~2008년 사이 186% 증가했고, 자본 지출은 71% 증가했지만, 배당금과 자사주 매입은 472% 증가했다.

어떤 면에서 미국 기업들(및 미국)은 1997년과 2007년 사이에 자본 투자가 감소한 '잃어버린 10년'을 경험했다. 문제는 이러한 투자 부족이 결코 자본 부족 때문이 아니라는 것이다. 이 10년 동안 표본에 있는 회사들은 배당금과 자사주 매입에 약 2조 1,000억 달러를 썼다. 투자자(또는 스톡옵션으로 보상받는 임원)가 되기에는 분명 좋은 시기였다. 그러나 산업 공유지의 제조 요소는 약화되었다.

게다가 이들 자료에는 기업의 글로벌 지출(즉 국외 계열사의 연구개발 투자)이 포함되어 있기 때문에 모든 것이 나타나지 않는다. 지난 수십 년간 미국 기업들이 국내 사업보다 훨씬 빠른 속도로 해외 자회사에 대한 자본과 연구개발 투자를 늘리고 있다는 점을 감안하면, 이 수치는 훨씬 더 걱정스럽다. 경제분석국이 집계한 자료에 따르면 1989년 미국 다국적 기업의 해외 자본 지출은 전 세계 자본 지출의 22%를 차지했으며, 2009년에는 이 비율이 29%로 증가했다. 1989년 미국 다국적 기업 국외 계열사의 해외 연구개발 지출은 전체 연구개발 지출의 8.8%에 불과했지만, 2009년 국외 계열사의 연구개발 지출은 15.6%로 증가했다.[28]

우리의 분석에서는 미국에 진출한 외국 기업들을 표본 집단에서 배제했기 때문에 미국 공유지에 대한 투자를 적게 추산할 수도 있었다. 많은 외국 기업들(예컨대 도요타와 BMW 등)이 미국에 공장을 짓고 있다. 이 문제를 해결하기 위해 우리는 미국 내 모든 기업을 포함하는 경제분석국의 자료를 분석했다.

경제분석국 자료의 또 다른 장점은 지출을 더 세밀하게 분석하고 제조와 가장 밀접하게 관련된 두 가지 유형의 자본 투자, 즉 (공장 건물 같은) 제조시설에 대한 투자와 산업 장비에 대한 투자를 식별할 수 있다는 것이다. 우리는 또한 연구개발 지출을 비교 대상으로 포함시켰다. 그림 5.6에서 비교를 더 쉽게 시각화하기 위해 제조 시설에 대한 지출, 산업용 장비에 대한 지출, 연구개발 투자 지출(선이 교차한다고 해서 지출이 동일하다는 것을 의미하지는 않는다)을 2005년을 100으로 기준 삼아 지수를 만들었다. 우리가 절대적인 지출보다는 상대적 변화율에 가장 관심이 있다는 점을 감안할 때 이 접근법은 타당하다.

이 분석은 1980년대 후반 이후 제조 시설(예: 새로운 공장)에 대한 투자가 사실상 전반적으로 감소했음을 보여준다. 산업용 장비 투자는 증가했지만 연구개발비보다 훨씬 느린 속도로 증가했다. 이같이 보다 광범위한 데이터 집합의 추세는 이전의 분석에서 드러난 유형 자산에 대한 투자 감소 추세와 일치한다.

그림 5.6 미국의 제조 시설, 산업용 장비, 연구개발 투자(2005년=100)

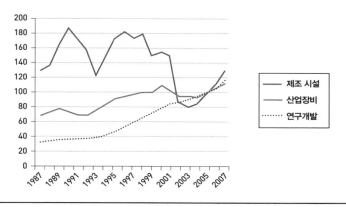

출처: 경제분석국 자료를 바탕으로 한 저자의 분석

이러한 추세 이면의 경영 행태

연구개발 투자 또는 자본 지출(국내에서 할지 해외에서 할지)에 대한 결정은 경영자가 내린다. 어떤 면에서 이러한 결정은 분석 모형(경영대학원에서 가르치는 순현재가치와 재무 수익에 대한 냉정한 미적분학)에 의해 유도된다. 그러나 다른 한편으로 결정은 근본적인 경영철학에 따라 내려진다. 경영자들이 자유롭게 이용할 수 있는 분석 모형에는 한계가 있다. 복잡한 결정을 위해서는 판단이 중요하다. 지난 수십 년간의 경영철학의 두 가지 주안점은 위에서 관찰된 추세를 설명하는 데 도움이 된다. 첫 번째는 유형 자산이 무형 자산보다 가치가 낮다는 개념이다(우리는 이것을 '유형 자산으로부터의 도피the flight from hard assets'라고 부른다). 두 번째는 유형 자산을 만들기보다는 구입하는 것이 항상 더 좋다는 가정이다.

① 유형 자산으로부터의 도피

'유형 자산으로부터의 도피'란 제조 공장이나 장비 같은 유형 자산들은 더 이상 지식 기반 산업의 경쟁우위에 중요하지 않다는 개념이다. 이 같은 자산들은 최소화되어야 한다는 철학이다. 이들 자산은 (감가상각을 통해) 손익계산서에 부담을 주고 대차대조표의 목을 죄는 골칫거리라는 것이다. 우리가 앞서 주장했듯이, 우리는 이 철학이 잘못되었다고 생각한다. 이러한 철학으로 인한 유형 자산으로부터의 도피는 종종 엔지니어링 설계, 공정 개발, 장비 개발, 공정 개선과 같은 하드 스킬hard skill(측정 가능한, 유형의 구체적인 지식 – 옮긴이)로부터의 도피 과정의 첫 번째 단계일 뿐이다. 이러한 기술들은 유형 자산들과 매우 밀접하게 연관되어 있기 때문에 자산이 어디로 가든지 기술도 따라 이동한다.

현재 너무 많은 회사들이 이 철학을 받아들인다. 물론 예외는 있다. 인텔이 지식경제의 선두에 있어 왔다는 것은 의심의 여지가 없다. 인텔의 마이크로프로세서는 정보혁명을 촉진했다. 그리고 아무도 진지한 지식 창시자라는 인텔의 자격에 의문을 품지 않을 것이다. 2010년 인텔은 연구개발에 55억 달러를 투자했다. 그러나 인텔은 연구개발 투자로부터 가치를 얻는 데 필요한 유형 자산에 대한 투자를 두려워하지 않는다. 인텔은 제조업에서 수직적 통합 전략을 유지함으로써 반도체 산업의 전통적 지혜에 도전해왔다. 2010년 자본 지출에는 52억 달러를 투자했다(대부분이 제조 공장에 투자됐다).

코닝Corning은 또 다른 예다. 뉴욕주 북부에 본사를 두고 있는 160년 된 이 회사는 유리, 세라믹, 첨단소재 분야에서 기술 혁신의 선두에 서 있다. 2010년에는 연구개발에 6억 달러(매출의 약 10%)를 투자했지만, 자본 지출에는 약 10억 달러를 투자했다. 인텔과 마찬가지로 코닝의 공정 능력은 경쟁사보다 앞서고 우위를 유지하게 하는 '하드 스킬'이다.

② 아웃소싱이냐 생산시설 건설이냐의 득실

조달 매니저가 되는 것은 이제 사탕가게에 있는 어린아이가 되는 것이다. 그것도 아주 큰 사탕가게에! 이제 전에 없던 선택을 할 수 있다. 전자 제품 조립이 필요하면 중국, 아시아, 멕시코에 있는 훌륭한 저비용 공급사들을 찾을 수 있다. 소프트웨어 서비스가 필요하다면 인도가 가장 유명한 곳이지만, 품질 대비 비용 측면에서 보면 동유럽 역시 뛰어나다. 화학 기술과 제조가 필요하다면 중국, 한국, 인도, 동유럽이라는 많은 훌륭한 선택지가 있다.

지난 몇십 년 동안 세계 경제가 개방되면서, 기업들은 유연성을 유지하는 것의 이점에 대해 배워왔다. 일단 공장을 짓는다고 할 때, 공장은 그 지역을 벗어나지 않기 때문에 다른 기업이 공장을 짓도록 하고, 그들로부터 공장을 구입하면 되는 것이었다. 내년에 더 나은 선택지가 있다면 선택지를 또 바꾸면 된다. 내년에 세계의 다른 지역에서 더 나은 아웃소싱처를 발견할 수 있는데 지금의 노동자들에게 묶여 있을 이유가 무엇인가?

다국적 기업들은 제품과 노동력을 위해 세계 시장을 잘 활용했고, 본질적으로 차익 거래를 할 수 있는 기회를 잘 이용해 왔다. 노벨상 수상자인 마이클 스펜스와 그의 공동저자인 샌딜 홀트서요(2장에 소개한 2011년 발표 논문의 33페이지)가 지적했듯이, 다국적 기업들의 아웃소싱은 상품과 서비스에 대한 세계 시장의 효율성을 향상시켰다.[29] 우리는 이들의 평가에 100% 동의한다. 그러나 우리는 기업들이 지역에서 독보적인 역량을 창출하려고 하기보다는 아웃소싱으로 빠르게 전환함으로써 시장 실패와 차익 거래 기회를 지나치게 이용하려 해온 것이 아닌지 의문을 제기한다. 기업들은 시장의 효율을 높이는 데 도움을 줄 수 있지만, 이러한 접근법을 추구하는 기업들이 궁극적으로 더 많은 이익을 얻을 수 있을까?

우리는 지역 산업 공유지와 지역 공동체에 헌신하지 않는 회사들이 위험에 빠질 수 있다고 생각한다. 경제이론에서 헌신은 양날의 칼이다. 한편으로 헌신은 기업을 가둬 선택을 제한시킨다. 아웃소싱의 차익 거래 모형은 최대한 많은 헌신을 회피해 선택권을 가지려는 의도에 기초한다.

그러나 다른 한편으로 기업은 분명 노동자, 공급사, 고객사, 협력사 등이 기업에 장기간 헌신할 때 이익을 얻을 수 있다. 예를 들어, 생산성을 높이기 위해 전문 훈련을 받는 공장 노동자는 회사를 돕는 헌신을 하는 것이다. 운송비를 줄이고 조율을 개선하기 위해 바로 옆에 공장을 건설하기로 결정한 공급사는 당신의 회사에 이익을 주는 헌신을 한다.

우리는 이익을 얻을 수 있기 때문에 다른 사람들이 우리에게 특별히 헌신하는 것을 좋아한다. 하지만 회사가 그들에게 헌신하지 않는다면, 현실적으로 노동자, 공급자, 고객사, 기타 파트너사들이 회사에게 헌신하기를 기대할 수 있을까? 경제이론과 꽤 많은 경험적 증거들이 '절대 그렇지 않다'는 명확한 답을 준다. 만약 회사가 공급사들에게 헌신하지 않는다면, 공급사들은 당신의 회사에 그들의 헌신을 증가시키는 전문화된 투자를 하지 않을 것이다. 그들은 바보가 아니기 때문이다! 기업들은 아웃소싱을 구매하는 거래 차익 전략을 추구하면서 암묵적인 거래를 해왔지만, 이는 항상 현명한 것은 아니었다. 그들은 헌신하지 않음으로써, 비용이 가장 낮은 곳이라면 어디에서든 아웃소싱할 수 있는 효율성을 얻었다. 그와 동시에 그들은 헌신하지 않음으로써 파트너사가 전문화된 투자를 할 때 오는 효율성을 잃었다.

미국 산업 공유지의 출현은 자연스럽지도 않았고 불가피하지도 않았다. 그것은 상황을 이용하는 정부와 민간 기업 모두의 산물이었다. 같은 맥락에서 미국 산업 공유지의 쇠퇴는 자연스럽지도 않고 불가피하지도 않다. 상황이 극적으로 변한 것은 사실이다. 미국은 훨씬 더 도전적이고 복잡한 세계 경제에 직면하고 있다. 그러나 그것이 쇠퇴가 불가피하다는 것을 의미하지는 않는다. 이 책의 마지막 두 장에서 우리는 기업과 정부가 공유지의 쇠퇴를 뒤집기 위해 무엇을 해야 하는지 검토한다.

6장

공유지의 복구:
보이는 경영의 손

$$+ - \times \div$$

경영 리더십이 중요하다. 어떤 경제도 재능 있고 단련된 의욕적인 경영자들이 충분히 공급되지 않고서는 성공할 수 없다. 실제로 경제사학자 알프레드 챈들러는 19세기 후반과 20세기 초 미국 경제가 성장한 주된 이유 중 하나가 전문 '경영층'의 출현이라고 말하기도 했다. 그리고 20세기 후반에는 미국의 기업가들이 반도체, 개인용 컴퓨터, 소프트웨어, 생명공학, 컴퓨터 그래픽 산업, 전자상거래와 인터넷의 창조와 성장을 추동함으로써 경제를 변화시켰다. 이 장은 21세기에 미국의 산업 공유지를 되살리기 위해 경영자들이 할 수 있고, 해야 할 역할에 관한 것을 다룬다.

우리는 많은 사람들이 이 주장에 대해 부정적으로 반응할 것이며 이렇게 주장할 것이라고 믿는다. "사기업 경영자들에게 처리해야 할 안건에 한 가지를 더 추가하라고 요구하는 것은 불공평하다. 그들은 이미 공격적인 경쟁자, 힘든 시장, 투자자들의 끊임없는 압박에 대처하느라 바쁘다."

그리고 다국적 기업들이 기업보다 국가를 우선시하는 것이 비현

실적이라고 주장할 많은 경제학자들과 경영자들이 있을 것이다. 그들은 '미국' 다국적 기업들의 본사는 미국에 있지만, 전 세계에 주주들이 있고, 미국 내에서보다 국외에서 더 많은 인력을 고용하고 있으며, 아마도 이들 다국적 기업이 벌어들이는 수입의 큰 부분을 다른 국가들이 더 많이 차지하고 있으며, 미국 시민도 아니고 미국 거주자도 아닌 사람들이 경영진 자리를 점점 더 많이 채우고 있다고 말할 것이다. 2011년 11월 하버드 대학교 경영대학원이 주최한 미국 경쟁력 심포지엄에서 미국 기업의 한 유명 최고경영자는 미국 다국적 기업의 리더가 가지고 있는 정체성의 위기를 보여줬다. "미국인인 나는 미국 경제를 응원하고 있지만, 우리 경영진의 절반은 미국인이 아니고, 절반 이상의 직원이 미국 밖에 있다. 따라서 내가 CEO로서 미국에 좋은 일을 하고 싶다고 말하는 것은 임직원들이 흥분할 수 있는 메시지가 아니다."

이 모든 것에 대한 우리의 대답은 미국 산업 공유지를 복구하는 것은 기업과 정부 모두의 책임이라는 것이다. (다음 장에서 정부가 공유지들을 복구하기 위해 무엇을 할 수 있고, 무엇을 해야 하는지 살펴볼 것이다.) 먼저 다음 사항을 분명히 해두자. 우리는 기업 리더들이 애국자가 되거나 시민의 의무를 다하기 위해 그렇게 하라고 요구하는 것이 아니다. 오히려 우리는 기업이 소재한 지역의 산업 공유지에 투자하고 지원하는 것이 기업에 장기적인 이익이 된다고 믿는다.

사업의 세계화에는 아무런 문제가 없다. 실제로 세계화는 많은 회사들에게 필수적이다. 그러나 기업들은 너무나 자주 지역 산업 공유지의 전략적 가치를 간과하고, 공유지에서 무모하게 사업을 축소하거나 포기했다. 튼튼한 공유지는 구성원들에게 강력한 경쟁우위를 제공하기 때문에 한 기업이 오랫동안 참여해 온 산업 공유지를 약화시킬 수 있는 조치를 취하는 것은 위험할 수 있다. 공동체를 약화시키는 행동은 공유지가 있는 나라의 경제뿐만 아니라 기업에도 해를 끼친다.

만약 일부 임원들이 이 논리를 믿지 않는다면 그것은 의심할 여지 없이 오늘날 너무 널리 퍼져 있는 경영 또는 리더십 유형에 동의하기 때문이다. 이는 시장 분석과 경쟁사 분석만을 전략 수립의 열쇠로 보고, 제조를 비용 측면에서 보며, 주주들의 단기 이익에 부합하는 것을 리더십의 우선순위로 생각하는 것이다. 이에 반해 우리는 강력한 리더십은 다음 사항을 인식하는 것이라고 주장한다.

- 공유지에 있는 우수한 역량은 경쟁우위의 귀중한 원천이며, 따라서 전략에 필수적이다.
- 건강한 산업 공유지의 가치, 그리고 연구개발과 제조의 근접성은 생산을 아웃소싱할 것인지 아니면 생산시설을 건설하거나 개선하는 데 투자할 것인지에 대한 결정에 반영되어야 한다.
- 리더들은 특정 주주들의 단기적 이익이 아니라 기업과 그와 관련한 모든 이해관계자들의 장기적인 이익에 따라 경영해야 한다.

이 요소들을 좀더 자세히 살펴보자.

새로운 사고방식: 역량을 통한 경쟁

스포츠 팬이라면 어떤 경쟁이든 이기는 팀이 보통 새로운 인재, 태도, 협업 능력이 합쳐진 전반적으로 더 나은 역량을 가진 팀이라는 것을 알고 있을 것이다. 군사 충돌에서 무기, 훈련, 동기, 전략적 기술이 합쳐진 역량은 무력을 능가할 수 있다. 사업에서 애플, BMW, IBM, GE, 인텔, 대만 반도체 제조회사, 코닝, 사우스웨스트 에어라인Southwest Airlines, 도요타 같은 회사들은 경쟁사들이 도저히 따라올 수 없는 역량을 보유함으로써 경쟁우위를 유지했다. 지난 장에서 지적했듯이 많은 기업들이 '생산시설 건설보다는 아웃소싱 구매' 사고방식의 희생양이 되고 있다. 이들은 독자적인 역량을 스스로 만들어 내기보다는 다른 곳으로부터 더 잘 조달함으로써 이점을 찾는다. 이러한 사고방식은 우리가 주창하는 경쟁에 대한 역량 기반 접근에 직접적으로 역행한다. 제3의 공급사에게서 살 수 있다면(예컨대 저비용 노동력) 경쟁사들 역시 그럴 수 있다. 경쟁사도 할 수 있다는 점에서 차별성, 즉 전략적 가치가 없다. 경쟁우위는 독특하고 따라 하기 어려운 역량을 개발한 기업들에게만 주어진다.[1]

기업 경쟁우위의 원천으로 역량을 보는 것은 산업 공유지 투자에 대한 사고방식에 직접적인 영향을 미친다. 이런 식으로 경쟁하는 회사는 기술과 노하우를 창조하거나 특권을 얻는 데 있어서 항상 우위를 점하려고 한다. 그런 회사는 지역 산업 공유지의 노동자, 공급업체, 기타 파트너사에 의해 구축되는 기술, 노하우, 역량이 다른 곳에서는 따라 하기 어려울 수 있기 때문에 이러한 역량들이 오랜 기간 동안 축적되고, 입지 특유의 특성을 가진다는 것을 깨닫는다. 깊은 관계, 즉 공유지의 구성원들과 효과적으로 협업하는 법을 알게 되는 것과 시간이 지남에 따라 구축될 수 있는 상호 신뢰는 다른 곳에서는 구할 수 없는 또 다른 중요한 자산이다. 다시 말하지만 새로운 지역으로 진출하고, 새로운 인력 및 공급사와 새로운 관계를 발전시키는 것에 반대하는 주장이 아니다. 단지 기업들이 기존의 공유지에서 이미 창출한 역량의 가치를 무시하거나 축소해서는 안 된다는 말이다. 그 가치는 연구개발과 제조 같은 활동에 투자할지 또는 아웃소싱할지에 대한 결정과 그러한 사업의 위치를 결정하는 데 통합적으로 고려되어야 한다. 우리는 그 방법에 대해서 곧 논의할 것이다.

경영진이 회사를 역량에서 우위에 선 경쟁자로 변화시키기 위해 취할 수 있는 여러 가지 실질적인 조치가 있다.

- **역량 구축을 전략 수립 과정에서 목표로 명시해서 설정하라.** 전략이란 '우리가 어떻게 이길 것인가?'라는 단순한 질문에 대한 답이다. 이 질문에는 다양한 요소들이 있다. 그 중 하나는 '우리는 어떤 게임을 하려고 하는가?'이다. 제품 시장 선택과 선택한 시장에서의 위치에 관한 이 요소는 종종 전략 수립 과정에서 가장 큰 관심을 받으며, 시장 분석 및 경쟁사 분석 같은 전통적인 기법을 포함한다. 또한 이 질문은 전략상 중요한 전투에서 보다 가시적인 역할을 하는 경향이 있다. 이 잣대로 보면 이동통신기기, 자동차, 컴퓨터 등의 시장에서 각 경쟁사들이 얼마나 잘하고 있는지를 관찰할 수 있다.

    전략 수립 과정에서 더욱 어려운 부분은 '선택한 게임에서 이기기 위해 어떤 고유한 기술이나 역량이 필요한가?'라는 질문에 답하는 것이다. 우리는 많은 기업들이 생각해 봐야 할 이 질문을 하지 않는다는 것을 발견했다. 이는 주로 전통적인 경영 분석 도구가 이 질문에 잘 맞지 않기 때문이다. 예를 들어, 전통적인 순현재가치net present value 분석에서는 역량 창출 비용(연구개발, 자본 지출, 인력 교육 등)을 매우 명확하게 설명할 것이다. 그러나 만약 당신의 회사가 아웃소싱을 선택할 경우 역량이 경쟁사에게 흘러가는 비용은 알 수 없을 것이다.

- **전략 수립 과정에 역량에 대한 심층적인 지식을 갖춘 경영진을 포함시켜라.** 이는 회사의 기술, 공정 관리, 생산 현장의 문화, 공급망에 대해 잘 알고 있는 고위 임원들이 경영진에 포함되는 것을 의미한다. 회사의 기술과 운영에 대한 깊이 있는 지식이 거의 없는 경영진이 주로 재정적인 측면에서 전략 과정을 수립하면, 역량이 경쟁 우위를 창출할 수 있는 방법에 많은 중점을 두지 않을 수 있다.

- **역동적인 관점을 취하라.** 가장 전략적으로 가치 있는 역량, 즉 가장 모방하기 어려운 역량은 구축하는 데 가장 오랜 시간이 걸린다. 이런 역량은 1년 동안 연구개발이나 자본 지출에 돈을 쏟아 붓는다고 구축되지 않는다. 오히려 이러한 역량은 수년에 걸쳐 누적된 물적 자본과 인적 자본에 대한 투자 결과로, 깊고 지속적인 헌신을 필요로 한다.[2]

이러한 사고방식을 가진 회사들은 경쟁자들이 가만히 앉아 있지 않을 것이라고 가정하고, 자신들의 역량을 더 깊게 하거나 확장시킬 방법을 끊임없이 찾고 있다. 중역들은 역량이 근육처럼 사용하지 않으면 위축되며 일단 약해지면 쉽게 회복될 수 없다는 것을 이해하고 있다. 지속적인 역량 구축에 투자하지 않기로 하는 결정, 공장을 폐쇄하거나 국외 공급사에게 아웃소싱하기로 하는 결정은 돌이킬 수 없는 결정이다. 델과 휴렛패커드는 이를 힘들게 배웠다. 이들은 제3자가 개인용 컴퓨터를 설계하고 제조하도록 했을 때 이것이 혁신자로서 경쟁할 수 있는 역량을 포기하는 것이라는 것을 깨닫지 못했다. 이제 그들은 그 대가를 치르고 있으며, 빠르게 성장하는 태블릿 시장에서 애플을 따라잡아야 하는 신세가 되었다.

역동적인 관점을 취하는 것은 비용 구조가 시간과 장소에 의해 결코 고정되지 않는다는 것을 인식함을 의미한다. 미국과 서유럽 같은 고비용 국가에서 공장을 운영하고 있는 많은 회사들은 이들 지역이 본질적으로 높은 임금과 기타 높은 가격(예컨대 토지, 필수 오염방지 장비, 전기) 때문에 경쟁력이 없다고 너무 빨리 가정해 생산시설을 저비용 국가로 이전하려는 유혹에 굴복했다.

이러한 생각에는 몇 가지 문제가 있다. 오늘날 기업들이 중국(다른 기업들은 수십 년 전에 아시아의 다른 국가에서 이를 경험했다)에서 보는 것과 같이, 임금은 일반적으로 시간이 지남에 따라 증가한다. 오늘의 저비용 장소가 내일은 저비용 장소가 아닐 수 있다. 또한 지금 고비용 장소로 보이는 곳이 앞으로는 그렇지 않을 수 있다. 공정 연구개발, 인력 교육, 기타 운영 역량에 대한 투자는 비용 차이를 상쇄할 수 있는 상당한 생산성 향상을 불러올 수 있다. 하버드의 동료인 얀 리브킨Jan Rivkin과 마이클 포터는 이 접근방식을 '나가지 말고 향상시켜라improve, not move'라고 부른다.[3]

- **연구개발이나 신 공장 투자만으로 우수한 운영 역량을 살 수 없다는 점을 인식하라.** 역량은 상호의존적인 요소들에 뿌리를 두고 있다. 우리가 3장에서 언급했듯이, 도요타는 크게 칭찬받아온 도요타 생산 시스템을 복제하고 싶어 하는 경쟁자들에게 공장을 공개했다. 그러나 아무도 도요타 시스템을 그대로 모방할 수 없었다. 이는 도요타와 같은 역량은 제품, 공정 및 조립 라인 설계, 공급업체, 품질 및 재고 관리, 생산일정 수립, 직원 교육 및 동기부여, 생산현장 개선 실행 등 기타 여러 가지 요인들에 대한 복잡하고 상호의존적인 결정들에 뿌리를 두고 있기 때문이다. 이것이 모방을 어렵게 만든다. 이러한 종류의 역량이 경쟁에서 대단히 강력한 이유다.

역량을 위해서 조직의 모든 부분에 걸쳐 지속적인 관심과 투자가 필요하다는 것이 배울 점이다. 우리가 다음 부분에서 논의하겠지만, 또한 기업은 건강한 산업 공유지에 가까이 있는 것으로부터 이익을 얻을 수 있다.

입지 결정에 대한 올바른 수학적 계산

너무 많은 기업이 제조 공장이나 생산품을 어디에 위치시킬 것인가에 대한 결정을 주로 협소한 재무적 기준에 근거해 내린다. 제조 분야는 원가중심점cost center(원가가 집적되는 최소단위조직을 말한다 - 옮긴이)으로 간주되며, 분석의 목적은 총비용을 최소화하는 것이다. 제조 자산에 대한 투자 제안은 다른 투자 제안과 마찬가지로 취급되며 수익률이라는 엄격한 잣대를 통과해야 한다. 세금, 규제, 지적재산권, 정치적 고려사항 또한 결정에 종종 큰 비중을 차지한다.

그러나 이러한 분석은 건전한 산업 공유지의 운영 가치, 그리고 기업의 결정이 공유지의 건강에 미치는 영향을 충분히 고려하지 않는다. 좀더 구체적으로 말하면 기업들은 연구개발 부문로부터 멀리 떨어진 제조 공장의 위치가 기업의 기술 혁신 역량에 어떤 영향을 미칠지, 그리고 먼 곳에서 더 많은 생산을 아웃소싱하기로 한 결정이 궁극적으로 잠재적인 장기적 경쟁우위의 원천인 지역 산업 공유지에 어떤 영향을 미칠지를 적절하게 고려하지 않는다. 의심할 여지없이 이러한 이슈들이 의사결정 과정으로부터 제외되는 한 가지 이유는 수치화하기 어렵기 때문이다. 하지만 이들을 방정식에 넣지 않는다면 수치들은 오해를 낳게 될 것이다. 미적분을 어떻게 바르게 할지 살펴보자.

강력한 산업 공유지에 속하는 것의 전략적 가치를 이해하라

점점 더 세계화되는 세상에서 입지는 기업들에게 역설적으로 더 중요하다. 왜냐하면 입지는 경쟁자들보다 앞서게 만들 수 있는 공유지의 역량에 대한 특권을 보유했다는 것을 의미할 수 있기 때문이다. 따라서 경영자들은 기업이 위치한 공유지가 제공하는 역량의 가치를 제대로 이해해야 한다. 그러기 위해 공급업체의 역량, 인력 기술, (대학이나 직업학교 같은) 지역 교육기관의 질, 고객사의 지식 및 역량에 대한 심층적인 평가가 필요하며, 이들 자원에 지리적으로 근접하는 것이 어떻게 사업에 도움이 되는지에 대한 분석이 필요하다.

이러한 '지역성'을 활용하는 것이 글로벌하지 않다는 것을 의미할까? 절대 그렇지 않다. 미국에 본사를 둔 기업은 미국에서 산업 공유지를 육성하고 활용해야 하지만, 세계 다른 지역에 사업체를 두고 있는 경우 그곳의 지역성을 어떻게 이용할 것인지에 대해서도 생각해야 한다. 글로벌하다는 것은 뿌리가 없는 것이 아니라, 전 세계 여러 곳에 뿌리를 내리는 것을 의미한다. 스위스 바젤에 본사를 두고 있는 노바티스Norvatis는 매사추세츠주 캠브리지에 연구 본부를 두고 있다(캘리포니아, 영국, 스위스, 이탈리아, 중국, 싱가포르에도 연구 법인이 있다). 노바티스는 풍부한 인재와 협력사 네트워크를 제공하는 장소를 선택해서 그 지역 생태계에 들어가려고 한다.

마찬가지로 아웃소싱 또는 공장 입지를 결정할 때, 그 선택이 전략적으로 중요한 공유지에 해를 끼칠 것인지 이해하는 것이 중요하다. 예를 들어 당신의 회사가 지배적인 구매자나 중요 공급업체 같은 공유지의 규모 있는 일원일 경우, 공장을 폐쇄하거나 공유지에서 국외로 아웃소싱을 변경하기로 한 당신의 결정이 공유지에 심각한 타격을 줄 수 있음을 인식해야 한다. 만약 시간이 지남에 따라 공유지가 쇠퇴한다면 당신의 회사가 중요한 역량을 활용할 수 있는지, 그리고 어떤 영향을 미칠지 질문해 봐야 한다.

이 영향을 쉽게 수치화하는 방법은 없다. 어떤 경우 공유지의 역량은 쓸모없게 되거나 부적절하게 될 수도 있다. 어떤 경우에는 주요 파트너(공급사 또는 노동자 등)가 기술 향상에 실패할 수도 있다. 이런 상황에서 공유지는 더 이상 많은 이점을 제공하지 않을 수도 있는 데, 이때가 이동해야 할 때일 수 있다.

혁신의 영향

우리가 계속해서 주장해왔듯이, 연구개발과 제조의 통합은 많은 경우 혁신에 필수적이다.[4] 기업이 아웃소싱 결정을 내릴 때 지리적으로 연구개발과 제조를 분리하는 데 따르는 비용을 어떻게 구할 수 있을까? 4장에서 설명한 바와 같이 비용은 두 가지 요인에 따라 달라진다. 하나는 연구개발과 제조가 서로 독립적으로 운영되는 능력이다. 즉, 제품과 공정 기술이 얼마나 모듈화되는가이다. 다른 하나는 공정의 성숙도이다. 즉, 제조 공정이 얼마나 발전했는지를 의미한다. 우리는 참고를 위해 여기에 '설계−제조 모듈성 매트릭스'를 다시 포함했다.(그림 6.1)

우리의 틀은 제조 투자에 대한 엄격한 재무적 분석의 필요성을 배제하지 않는다. 또한 고객에 대한 근접성, 시장 진입에 대한 정치적 장벽, 세금 및 규제 같은 아웃소싱 결정에 영향을 미칠 수 있는 다른 고려 사항들을 무시하지 않는다. 오히려 이 틀은 경영자들이 지리적으로 연구개발과 제조를 분리하는 데 따르는 결과에 대해 좀더 전략적으로 생각할 수 있도록 하기 위해 개발되었다.

적절한 제조 전략을 짜기 위해서는 어떤 사분면에 사업이 들어가는지 판단해야 한다. 우리는 판단에 도움이 되는 몇 가지 질문과 지침을 개발했다. 그러나 어떤 간단한 공식도 제조 기술이 성숙했는지 그리고 제품 설계와 공정 기술이 모듈화되었는지 여부를 말해줄 수 없다. 이를 위해 판단을 위해 고려해야 할 몇 가지 요소들이 있

그림 6.1 모듈화–공정 성숙도 매트릭스

높음

공정 기반 혁신

공정 기술은 성숙해 있지만 여전히 제품 혁신에 매우 중요하다. 공정의 작은 변화는 예측 불가능하게 제품의 특성과 품질을 변화시킬 수 있다. 설계는 제조와 분리될 수 없다.

예: 공예품, 고급 와인, 고급 의류, 열처리 금속 제조, 첨단소재 제조, 특수 화합물

순수한 제품 혁신

공정 기술이 성숙해 있고, 제품 설계를 제조와 긴밀하게 통합할 가치가 낮다. 제조 외주가 타당하다.

예: 데스크탑 컴퓨터, 소비자 가전, 원료의약품, 반도체

공정 중심의 혁신

주요 공정 혁신이 빠르게 발전하고 있으며 제품에 큰 영향을 미칠 수 있다. 연구개발과 제조를 밀접하게 통합하는 것의 가치는 매우 높다. 설계와 제조의 분리에 따르는 위험은 대단히 크다.

예: 생명공학 의약품, 나노 소재, OLED 및 전기영동 디스플레이

순수한 공정 혁신

공정 기술은 빠르게 발전하고 있지만 제품 혁신과 밀접한 관련이 없다. 제조 근처에 설계를 두는 것이 중요하지 않다.

예: 첨단 반도체, 고밀도 플렉시블 회로

낮음

공정 성숙도 : 공정 기술이 발전한 정도

낮음　　**모듈화 : 제품 설계에 관한 정보가 제조 공정과 분리될 수 있는 정도**　　높음

출처 : Gary P. Pisano and Willy C Shih, "Does America Really Need Manufacturing?", 하버드 비즈니스 리뷰, 2012년 3월, p.96

다.(표 6.1)

　첫째, 공정 기술이 상당 기간 동안 변경되지 않았고 (생산 수율, 품질, 비용 측면에서) 현재의 성과가 시장의 요구를 충족시키는 것으로 보인다면, 사업은 아마도 성숙한 분야에 속할 것이다. 비용이 떨어지고, 생산 수율이 급격히 증가하고, 공정이 빠르게 변화하고, 경쟁업체나 장비 공급업체들이 공정 연구개발에 지속적으로 막대한 투자

표 6.1 설계-제조 관계 : 질문해야 할 사항

공정 성숙도 평가		모듈성 평가	
사업에서 기본 공정 기술의 마지막 주요 변화는 언제였나?	현재 공정 기술이 상품화하기 위한 요구사항(비용, 생산수율, 품질 등)을 얼마나 잘 충족하고 있는가?	공정 기술과 제조 능력이 제품 설계 선택을 어느 정도로 제약하는가?	제조 공정에 대한 참조사항을 달지 않고 제품 설계를 어느 정도까지 설명할 수 있는가?
지난 5년간 공정 기술의 변화율은 얼마나 되었는가?	향후 5년 안에 공정 기술에서 큰 변화가 일어날 가능성은 얼마나 될까?	제조 공정의 사소한 변화가 제품의 중요한 특징에 얼마나 영향을 미치는가?	제품 설계와 공정 설계는 어느 정도까지 코드화할 수 있는가?
장비 공급업체 및 기타 공급업체를 포함하여 당사에서 얼마나 많은 공정 연구개발을 수행하고 있는가?		제품 매개변수와 공정 매개변수 간의 기본적인 관계를 얼마나 잘 이해하고 있는가?	특정 범위의 제품 설계와 호환되는 표준화된 공정 플랫폼이 있는가?

출처 : Gary P. Pisano and Willy C. Shih, "Does America Really Need Manufacturing?" 하버드 비즈니스 리뷰, 2012년 3월, p.98~99.

를 할 것이 예상된다면, 사업은 아마도 미성숙한 분야에 있을 것이다. 공급업체나 다른 산업의 기업들과 대화하는 것은 중요한 공정 혁신이 곧 일어날지 여부를 식별하는 데 도움이 될 수 있다.

둘째, 코딩하기 어려운 공정 매개변수, 제품 특성에 큰 영향을 미치는 공정 변경 및 표준화된 공정의 결여는 모두 모듈성이 낮다는 징후이지만 제품 설계자, 공정 엔지니어 및 제조 인력 간의 심도 있는 논의가 필요한 경우가 많다. 다른 기능을 가진 사람들은 이 문제에 대해 매우 다른 관점을 가질 수 있다. 제품 설계자는 설계 선택이 제조 공정에 영향을 미치는 정도를 자주 과소평가한다. 마찬가지로 공정 엔지니어 및 제조 담당자는 공정 또는 작업의 변화가 설계에 어떤 영향을 미칠 수 있는지 인식하지 못하는 경우가 많다.

제조 장소의 결정이 혁신에 어떻게 영향을 미칠 수 있는지에 대해 실제로 가장 많이 알고 있는 사람들이 아무런 발언권이 없는 기업들이 너무 많다. 우리가 조사한 한 생명공학 회사는 공정 개발 과학자들로부터 거의 아무런 조언도 받지 않고 지구 반대편에 있는 공급업체에 생산을 위탁하기로 결정했다. (결정은 순전히 자본비용과 재무적 수익 분석에 기초해 내려졌다.) 심지어 회사는 경험이 많고 유능한 계약사와 계약했지만, 계약사는 생산 규모를 늘리고 생산수율을 개선하는 데 어려움을 겪었다. 심각한 공급 부족이 뒤따랐고, 이는 회사의 주가를 하락시켰다. 결국 회사는 인수되고 말았다.

이러한 지침을 사용할 때, 현재 상황뿐만 아니라 미래의 추세(기술이 항상 예측 가능한 방식으로 진화하지는 않기 때문에 예측은 훨씬 더 어려운 경향이 있다)를 고려하는 것이 중요하다. 추세를 평가할 때는 다음 사항에 유의해야 한다.

① 제조 기술이 다시 활성화될 수 있다는 것을 잊지 마라

공정 기술 수명 주기를 (우리 인간의 생애처럼) 유아에서 성숙에 이르는 일방통행로로 보는 경향이 있다. 공정 기술이 성숙된 분야에서 사업을 하는 기업은 공정 혁신의 가능성을 일축하며 해외로 저비용 외주를 주거나 생산 부문을 이전함으로써 비용을 줄이려는 유혹을 받는다. 그러나 게임판의 변화를 일으키는 공정 기술이 등장할 수 있다.

수십 년 동안 철강 산업은 전통적으로 성숙한 공정 기술 사업으로 간주되어, 미국과 유럽의 많은 대형 철강 제조업체들은 공정 혁신을 거의 포기했다. 그들은 생산 용량을 합리화하고 생산시설을 저비용 지역으로 옮기는 데 초점을 맞췄다. 그 후 1970년대에 전기 아크 용광로와 다른 새로운 공정 기술들을 채택한 미니밀mini-mill(전기로를 이용해 철스크랩(고철)을 녹여 열연코일을 생산하는 공정을 말한다 - 옮긴이)은 수많은 성숙한 시장 참가자들이 폐허 속에 남겨 두었던 철강 산업의 부흥을 가져왔다. 이와 비슷하게 존슨앤존슨Johnson & Johnson은 비용을 대폭 줄이고 생산의 일관성을 개선한 새로운 성형 기술로 만든 일회용 콘택트렌즈로 콘택트렌즈 시장을 선점할 수 있었다. 기존의 렌즈 제조 기술을 개선하느라 바빴던 기성 기업들은 허를 찔렸고 이들의 시장 점유율은 급락했다.

비슷한 부활이 가전업계에서도 일어났다. 1960년대와 1970년대에 업계의 많은 이들은 제품과 제조 기술의 수명 주기가 마지막 단계에 있다고 믿었다. 텔레비전, 스테레오 장치, 라디오를 만드는 것은 기술이나 정교함이 거의 필요하지 않은 노동 집약적인 과정이었고, 거의 모든 곳에서 행해질 수 있었다. 이로 인해 미국 가전업체들은 생산 공장을 저비용이 드는 해외 지역으로 이전하게 되었다. 그러나 이후 20년 동안 근본적으로 새로운 제품을 개발하는 공정 기술이 도입되었다. 오늘날 가전제품의 제조에는 고도의 첨단 공정 기술과 고밀도 패키징, 첨단 디스플레이, 정교한 에너지 저장 및 관리 기술이 포함된다.

② '탈모듈화'를 조심하라

때때로 새로운 기술 또한 제품 설계와 제조 과정을 훨씬 더 상호의존적으로 만들 수 있다. 제트 여객기를 생각해 보자. 수십 년 동안 제트 여객기의 디자인과 제조는 대단히 모듈식이었다. 그렇기 때문에 보잉은 전 세계 하청업체들에게 항공기 개발과 제조의 주요 부분을 아웃소싱하고 워싱턴주에 있는 공장에서 비행기를 조립할 수 있었다. 그러나 787 드림라이너 프로그램에서 알루미늄 합금이 탄소섬유 복합소재로 전환되면서 상황이 바뀌었다. 기존의 모듈식 설계 규칙은 시스템 수준에서 응력 전달과 부하를 완전히 설명하지 못했다. 그 결과 (이탈리아 알레니아 에어로나투이카Alenia Aeronatuica의 수평안정판, 일본 미쓰비시 중공업의 날개박스와 같이) 조립에 문제가 생겼다. 상당한 재설계와 재작업이 요구되었고, 프로그램은 큰 지연을 겪었다.

③ 낮은 모듈화로 인한 이점을 낭비하지 마라

많은 회사들이 제품 설계와 제조 공정의 긴밀한 통합이 경쟁우위의 주요 원천이라는 것을 인식하지 못하고 있다. 이 긴밀한 통합은 제품 기술, 공정 기술, 그리고 이 둘 사이의 상호작용을 숙달해야 하는 신규 진입자들 앞에 큰 장벽을 세운다. 따라서 기존 사업자들은 생산을 외주해서는 안 된다.

다른 기업의 독점적인 제조 공정을 알아내는 것보다는 일반적으로 제품 설계를 역설계하는 것이 훨씬 더 쉽다. 이는 제냐Zegna, 아르마니Armani, 페라가모Ferragamo, 막스 마라MaxMara 같은 의류회사들이 높은 가격에도 불구하고 이탈리아에서 고급품 생산을 많이 하는 이유를 설명해 준다. 고급의류 부문에서 제품 디자인과 제조 사이의 관계는 매우 단단하다. 예를 들어 직물을 어떻게 자르는지 또는 솔기가 어떻게 바느질되는지는 옷이 미묘하게 주름 잡히는 방식에 중요한 영향을 미칠 수 있다. 생산 공장을 가까이 둠으로써 이 회사들은 독점 디자인을 더 잘 보호할 수 있고, 모방 위험도 줄일 수 있다. 유사한 이유로 GE 에비에이션GE Aviation도 제트 엔진의 주요 부품 제조 및 조립 공정을 가까이에 둔다(둘 다 설계와 제조의 긴밀한 통합에 의존한다).

그러나 어떤 회사들은 외주 생산으로 인해 자신들의 저모듈화 이점을 무심코 손상시켰다. 오늘날 생명공학 분야에서 이러한 현상을 볼 수 있다. 생명공학 공장들은 자본집약적이어서 일부 회사들은 제3의 공급사에게 제조를 아웃소싱하기 위해 이들을 교육시킨다. 위에서 언급한 논점과는 별개로 특히 신제품의 경우 이 전략은 독점적 노하우를 확산시켜 산업 전반에 걸쳐 공정을 보다 표준화시키고 진입 장벽으로서의 제조의 역할을 극적으로 감소시킬 수 있다. 미래에는 '바이오시밀러biosimilas, 일반적인 생명공학 의약품의 복제약'가 더 많이 사용될 가능성이 높은데 혁신적인 생명공학 회사들이 이러한 제조상의 이점을 잃게 된다면 후회할 수도 있다.

리더십이 중요하다

고위 임원들이 단기간에 회사의 주가를 최대한 좋게 만들라는 중압감에 직면하는 것을 고려하면, 우리가 주창하는 접근법은 현실적이지 않다는 이야기를 종종 듣는다. 증시는 다음 분기에만 신경을 쓴다. "우리는 장기 투자를 할 시간이 없다"라고 많은 임원들이 말한다. 우리는 이것을 형편없는 지도력에 대한 '악마가 시켰다the devil made me do it' 변명이라고 부른다.

주식 시장이 장기 투자하는 기업에 대해 좋지 않은 반응을 보인다는 증거는 없다. 생명공학 산업을 생각해 보자. 모든 상장 생명공학 회사의 총 산업 수익은 (1970년대 중반으로 거슬러 올라가더라도) 업계 대부분의 기간 동안 마이너스였다. 많은 생명공학 회사들이 10년 넘게 사업을 했는데도 전혀 수익을 내지 못했다.[5] 그러나 생명공학 산업은 지금까지 수천 억 달러의 공적인 주식 투자를 받아왔다. 주식 시장이 근시안적이라면, 우리는 생명공학이나 제약 같은 산업, 그리고 차세대 항공기를 만들기 위해 10년 이상 100억 달러 이상을 투자해야 하는 보잉 같은 기업들을 볼 수 없을 것이다.

역량을 중심으로 장기적 전략을 추구하는 데는 다음 세 가지 장애가 있다.

• **경영진 보상 시스템의 설계**

지난 수십 년 동안 기업(구체적으로는 이사회)은 회사 주가의 실적과 경영진에 대한 보상을 점점 더 묶어 왔다. 우리의 하버드 동료인 미하 데사이Mihir Desai는 하버드 비즈니스 리뷰에 실린 논문에서 이를 경영진 보상에 대한 결정을 금융 시장에 '외주'하는 것이라고 말한다.[6] 만약 경영자들이 (옳건 그르건) 주식 시장이 근시안적이라고 믿는다면, 주식 시장 수익에 기초한 보상 패키지는 그들의 행동에 예측 가능한 영향을 미칠 것이다. 분명 이는 보상 정책을 정하는 이사회의 실패다. 장기 가치 창출을 강조하는 인센티브 보상제도

(예컨대 양도 제한부 주식, 장기 연금 수령권, 장기 가치 창출 측정 등)를 활용할 필요가 있다.

• 기술과 공장 운영을 잘 모르는 이사회

만약 이사회가 최고경영자의 실적을 평가하고 (금융시장에 아웃소싱하기보다는) 장기적인 기술 및 공장 운영 전략을 평가하기를 기대한다면, 금융, 회계, 마케팅과 마찬가지로 기술과 공장 운영에 익숙한 이사회가 필요하다. 이는 이사회의 구성 변화를 의미한다. 현재 많은 첨단기술 기업을 포함해 많은 기업의 이사회에 변호사, 회계사, 은행가, CEO들이 참여하고 있다. 그러나 과학자들은 놀라울 정도로 드물며, 제조 전문가들은 이사회에서 찾기가 더 어렵다. 많은 회사들에 '과학기술 자문단'이 있긴 하다. 그러나 그들은 대개 거의 영향력을 행사하지 않으며, 확실히 이사회에서 신뢰가 부족하다. 어떤 회사도 기술과 제조에 초점을 둔 이사회를 가지고 있지 않다. 기업의 장기적인 경쟁우위가 제조와 기술에 현명한 투자를 하는 데 달려 있다면 (자문위원회가 아니라) 이러한 문제에 초점을 둔 이사회를 가져야 하지 않을까?

• 수치에 의한 경영

장기적인 경영이 단기적인 경영보다 더 어렵다. 내년 수익을 뽑아보는 것이 5년 혹은 그 이후에 기술의 향배를 이해하려고 노력하는 것보다 훨씬 더 쉽다. (경영학계가 여전히 강조하는) 기존의 경영기법은 정확히 측정할 수 있는 것에 초점을 맞추고 있으며, 결과가 미래까지 확장되지 않는 것들을 정확하게 측정하는 것이 훨씬 더 쉽다. 많은 경영자들은 수치적 추정과 복잡한 계산에 의존하는 것이 훨씬 더 안전하다고 느낀다. (안타깝게도 경영대학원에서의 단련이 이에 일조했다.) 기술과 제조 역량에 헌신하려면 경영진들은 종종 안락한 지역을 넘어 모험을 해야 한다. 우리는 경영자들이 현대의 정량적 도구를 사용하지 말 것을 제안하는 것이 아니다. 정확한 재무 분석은 매우 중요하다. 하지만 오래된 판단 또한 중요하다. 훌륭한 경영자들은 디지털과 아날로그적인 사고 둘 다 해야 할 필요가 있다.

우리가 이 장에서 논의한 전략 중 일부는 기업 및 투자 공동체의 관습적인 지혜에 역행한다. 우리의 제안을 따르려면 용기가 필요할 것이다. 아시아로 이전하는 대신 미국 공장의 원기를 회복시키기로 결정한 경영자가 '어렵게 내린 결정을 내키지 않아 하는' 공격을 받을 위험이 있다. 월스트리트 애널리스트는 필연적으로 CEO가 회사를 어떻게 잘못 경영하고 있는지에 대한 비판적인 보고서를 작성할 것이다. 그러면 주가가 떨어질지도 모른다. 이사회가 그를 힘들게 할 수도 있다. 이는 쉬운 일이 아니다. 극소수의 회사들만이 실제로 실행에 옮기는 이유다. 하지만 그래서 훌륭한 리더십은 가치를 가지게 된다.

결론

이 장에서 우리는 점점 더 경쟁이 치열해지는 세계에서 경영자들이 기업을 더욱 장기적인 성공으로 이끌도록 돕기 위해서 몇 가지를 제안했다. 특정 상황에서는 공유지와 기업의 제조 역량이 가치의 잠재적인 원천이며, 기업이 혁신하고 성장할 수 있도록 이끈다. 그러나 항상 그런 것은 아니다. 따라서 결코 '인소싱'을 하라고 포괄적으로 주문하는 것이 아니다. 입지에 기반한 이점이 결국 기업에 되돌려 주는 투자와 헌신에 대해 이야기하고 있는 것이다.

그러나 이 장은 이야기의 절반만을 다뤘다. 공유지를 매력적인 투자 거점으로 만드는 것은 노동력의 교육, 현대적인 인프라의 구축, 지적 자본과 노하우의 공급 같은 개별 기업의 통제를 벗어난 많은 요소들에 달려 있다. 다음 장에서 우리는 정부 정책에 관한 문제들을 다룬다.

7장

제조업을 위한
국가 경제 전략

혁신을 지원하기 위해 정부가 어떤 역할을 해야 하는지에 대한 논쟁
은 종종 자유방임 자유시장 진영과 중앙집권적 산업정책 옹호자 사
이의 싸움으로 전락한다. 자유시장 지지자들은 대부분의 정부 개입
이 잘못 행해지고, 효과적이지 못하며, 더 안 좋은 경우 파괴적이기
까지 하다고 생각한다. 제조업이 쇠퇴하고 있다고 한다면 그대로 두
어야 한다는 입장이다. 그것이 시장이 작동하는 원리이고 시장이 가
장 잘 알고 있다는 생각이다. 반대편에는 시장을 본질적으로 결함이
있는 것으로 보고 정부가 상황을 바로잡도록 요구하는 산업정책 옹
호자들이 있다. 이들의 견해에 따르면 기업들(과 경영자들)은 그들의
단기적 이익에 지나치게 초점을 맞추고 있어서 장기간에 걸쳐 국가
에 이익이 되는 투자를 하지 못한다.

　양측의 말을 들어보면 타협안은 없는 것처럼 들린다. 시장 혹은 정
부 둘 중 하나이다. 그러나 우리가 5장에서 설명했듯이 역사는 다르
게 말하고 있다. 미국은 세계에서 가장 시장 지향적인 경제를 가지고
있는 반면, 미국 연방과 연방보다는 덜 하지만 미국 주 정부는 오랫

동안 기술 혁신을 지원하는 중심적인 역할을 해왔다. 하지만 그들은 시장의 원리와 협력하며 그렇게 했다. 즉, 효과적으로 설계된 정부 정책은 시장 원리의 대체재가 아니라 보완재로 작용할 수 있다. 이 장에서 우리는 미국 산업 공유지의 재구축을 돕기 위한 효과적인 정책들에는 어떤 것이 있는지에 대해 설명한다.

물론 혁신을 지원하기 위한 방법으로 산업 공유지를 복원하는 데 사용할 수 있는 많은 잠재적인 정책 수단과 옵션이 있다. 교육, 세금 정책, 정부의 연구 지원, 훈련, 독점 방지 정책, 보조금, 지적재산권 정책, 무역 정책, 조달, 규제 등이다. 제조업에 관한 정책 토론은 종종 특정한 방법에 초점을 맞춘다. 예를 들어 2008년에 연방정부가 GM과 크라이슬러를 구제했어야 하는지에 대한 많은 논쟁이 있었다. 2012년에는 세금 정책이 논란이 되었다. (오바마 대통령은 최대 법인 세율을 28%로, 제조업의 경우에는 25%로 인하하고 싶다고 발표했다). 특히 중국에 관한 무역 정책은 정기적으로 머리를 쳐든다. 제조업에 관한 정책 논의에서 부족한 것은 전반적인 목표와 다양한 요소들에 대한 정책이 어떻게 조화를 이루는가 하는 것을 고려하는 종합적인 체계다. 제조업을 위한 국가 경제 전략이 본질적으로 필요하다.[1]

전략은 목표를 달성하기 위한 일련의 우선순위 및 행동 패턴에 대한 약속에 불과하다. 전략은 정의상 절충을 포함한다.[2] 국가 경제 전략은 미국 제조업에 적용될 때 목표와 우선순위를 분명히 해야 한다. 또한 국가 경제 전략은 개입해야 할 정책과 개입하지 않아야 할 정책을 분명히 해야 한다.

제조업을 위한 전략 목표

국가 경제 전략의 제조 요소 목표에 대한 첫 번째 질문은 '이 나라가 성취하기를 원하는 것이 무엇인가?'이다. 제조업 전략에는 고임금 일자리 수의 극대화, 전반적인 생산성 향상, 대학 교육을 받지 않은 사람들이 취업할 수 있는 총 일자리 수 확대, 수출 극대화 등 다양한 목표가 있을 수 있다. 이러한 목표들은 종종 제조업을 목표로 하는 다양한 정책 개입의 근거로 언급된다. 예를 들어 오바마 대통령은 일자리를 보존하고 창출하는 것이 미국 제조업을 지원하기 위해 시행되고 제안된 정책 목표라는 것을 분명히 밝혔다. 일자리는 선거에 영향을 미치기 때문에 정치인들이 선거에서 중시하는 이유를 이해하기 쉽다. 그러나 일자리 창출은 제조업 국가 전략의 설득력 있는 이유는 아니다. 현재 제조업은 미국의 10개 일자리 중 약 1개만을 차지하고 있다. (물론 좋은 일이지만) 생산성 향상으로 제조업이 미국 노동력의 25%를 고용했던 시대로 돌아갈지 상상하기란 어렵다. 우리는 국가 제조 전략의 핵심 목표가 미국의 혁신 역량을 건강하게 유지하는 것이라고 믿는다. 왜냐하면 혁신은 생산성을 추동하고 생산성은 임금을 상승시키기 때문이다.

따라서 정부 정책은 두 가지 유형의 제조 역량에만 초점을 맞춰야 한다. 4장에서 확인한 바와 같이, 미숙기 또는 새로이 등장하는 공정 기술과 관련된 제조 역량과 제품 연구개발과 매우 상호의존적인 관계에 있는 제조 공정 혁신과 관련된 제조 역량이다. 이 두 가지 제조 역량 모두 지리적으로 연구개발 부문에 근접해 있어야 한다.

반대로 국가 전략은 미국이 모든 제조업에서 뛰어날 수 없으며, 그렇게 하려고 해서도 안 된다는 점을 분명히 인정해야 한다. 정부의 지원을 받지 않아야 할 제조업은 노동 집약적이거나 상대적으로 저숙련 노동자가 필요한 제조업들이다. 이들은 미국에서 생산성과 혁신을 이끌어 낼 제조 업종들이 아니며 신흥국들이 맡아야 할 업종들이다.

미국의 정책이 특정 제조업에 초점을 맞춰야 한다는 견해는 일부 독자들로 하여금 '산업 정책'과 관련된 말인 타깃 설정targeting이나 승자 선택picking winner을 떠올리게 할 수 있다. 그러나 특정 제조 역량들을 지원하는 정부와 특정 제조업들에 대한 지원을 타깃으로 설정하는 정부 사이에는 큰 차이가 있다. 제조업을 위한 전략은 어떤 종류의 개입을 해야 하는지, 그리고 어떤 종류의 개입을 해서는 안 되는지를 분명히 해야 한다.

잘못된 개입

역사는 특정 산업을 지원하려는 정부의 시도는 거의 효과적이지 않다는 것을 보여준다.[3] 이러한 시도는 세금 감면, 대출 및 대출 보증, 심지어 몇몇 국책 산업 구조조정에 대한 직접적인 개입 등 다양한 형태를 띤다. 미국, 유럽, 일본에서 이러한 정책을 시행한 오랜 역사가 있지만, 그 실적은 대개 좋지 않다. 예를 들어 유럽 정부들은 국책 산업에 보조금을 제공하여 강력한 반도체 산업을 일으키려고 수십 년 동안 노력했지만 대부분 허사였다.[4] 1960년대에 미국은 유럽 정부 프로그램들을 본떠 상업용 초음속 제트 여객기 개발에 많은 보조금을 주었지만, 이러한 노력 중 어느 것도 상업적으로 성공하지 못했다.[5] 1970년대 후반과 1980년대 말 수입 화석연료 대체용 상업용 공장을 개발하기 위해 정부 출연회사를 설립한 합성연료 사업도 실패 사례이다. 가장 최근의 예는 솔린드라Solyndra나 에버린 테크놀로지 Evergreen Technologies 같은 태양 패널 회사에 대한 연방과 주 정부의 융자 및 보조금이다. 일본이 한때 자랑했던 통산성MITI조차 파란만 장했던 과거를 가지고 있다. 일본 통산성은 일본의 반도체 산업을 태어나게 한 공로는 인정받지만 자동차 산업을 거의 망칠 뻔했다.

일반적으로 정부는 벤처 투자가나 은행가 역할을 제대로 하지 못한다. 성공 가능성이 높은 프로젝트를 선택하거나 뛰어나게 잘할 가능성이 높은 기업을 선택하려면, 시장 역학, 경쟁 조건, 고객 니즈에 대한 깊은 통찰력이 필요하다, 하지만 정부 기관은 그런 통찰력이 부족하다. 그리고 정부에 이와 같은 자원 배분 결정권이 주어지면, 그 결정들은 곧 특수이익 단체와 정치 선거구의 압력 같은 정치적 과정을 지나며 왜곡된다. 이러한 개입은 경제적으로 거의 타당하지 않다.

물론 민간 기업들과 벤처 투자가들이라고 해서 언제나 제대로 하는 것은 아니다. 그러나 시장의 장점은 다양화와 대수의 법칙law of large numbers(우연히 어떤 사건이 일어날 확률은 비슷한 사건의 수가 늘어날수록 일정한 확률로 수렴한다는 것 - 옮긴이)에 따르는 것이다. 시장은 유사한 수백 가지의 실험을 한다. 혁신의 불확실성을 고려할 때, 시장은 좋은 아이디어와 나쁜 아이디어를 구별하는 데 매우 효과적인 메커니즘이다. 그리고 자기 돈이 걸린 개인 투자자들은 나쁜 프로젝트를 죽이는 데 정부보다 어려움을 덜 겪는다.

올바른 개입: 제조업의 기반 다지기

5장에서 논의한 바와 같이, 정부는 구체적이고 설득력 있는 필요(예컨대 군대가 필요로 하는)에 대한 해결책을 찾는 고객 역할을 할 때 혁신을 효과적으로 지원해 왔다. 또한 광범위하게 적용 가능한 기초 연구 및 (때로 '사용 기반 연구use-inspired'라고 불리는) 응용 연구도 효과적으로 지원해 왔다. 우리는 상용화 기술 개발을 위한 과학적이고 지적인 기반을 마련하기 위해 지난 세기에 미국 정부가 추구해 온 많은 정책과 조치들을 확인했다.

오늘날 제조업 기반의 재구축을 위해 정부가 도움을 줄 수 있는 많은 방법들이 있다. 그 한 가지로 기본을 바로잡는 것을 목표로 하는 정책들이 있다. K-12 교육 대폭 개선, 소비와 부채의 누적 대신 저축과 투자를 장려하기 위한 세제 개혁, 그리고 정부의 재정 문제를 해결하기 위한 (적절한 기간 동안의) 효과적인 계획 수립 등이 그 예다. 이러한 정책들은 미국의 장기적인 경제 건전성을 위해 절대적으로 필요하다. 이 같은 구체적인 정책은 다른 곳에서도 광범위하게 논의되었기 때문에 자세히 설명하지는 않을 것이다.[6] 그리고 '기본을 바로 잡아라'라고 요구하는 많은 제안들에 동의하는 동시에, 우리는 이러한 기본 바로잡기가 또한 공유지 복원과 훨씬 더 많은 관련이 있다고 생각한다.

제조업에 대한 국가 경제 전략은 과학 기술 노하우와 전문 인적 자본이라는 공유지를 위한 두 가지 중요한 기반에 초점을 맞출 필요가 있다. 미국 역사를 통틀어 정부는 이 두 가지 형태의 자원을 만드는 데 중요한 역할을 해왔고, 결국 상업적인 경제 발전을 낳았다. 미국이 글로벌 리더십을 갖고 있는 분야를 생각할 때, 그 비결은 언제나 뛰어난 노하우와 인적 자원의 조합 때문이었다. 어떻게 미국이 인터넷의 리더가 되었는지 살펴보자. 미국은 첨단 통신기술, 컴퓨터 아키텍처, 전자, 컴퓨터 공학에서 수십 년간의 기초 연구 및 응용 연구를 수행하고, 많은 전자공학 엔지니어, 컴퓨터 과학자, 응용수학자, 소프트웨어 엔지니어들을 길러냄으로써 기술적 역량의 거대한 포트폴리오를 구축했다. 미국은 기술 자본과 인적 자본 둘 다를 가지고 있기 때문에 인터넷 관련 기술과 사업 개발을 하기에 좋은 곳이다.

생명과학도 이와 같다. 전 세계의 회사들이 미국에 연구소를 세우고 있는 이유는 뭘까? 바로 미국에 있는 기술적 노하우와 인적 자본 때문이다. 그리고 이는 결코 우연이 아니다. 미국 정부가 수십 년 동안 기초 연구와 응용 연구(인간 게놈 프로젝트 등), 세계 최고의 과학자 양성에 투자했기 때문이다.

미국을 복잡한 일을 하기에 가장 매력적인 곳으로 만들려면, 혁신 관련 제조업은 과학기술 노하우와 인적 자본에 대한 투자가 필요할 것이다. 그러기 위해 정부가 해야 할 역할은 다음과 같다.

공유지의 과학 및 기술적 기반 보존

미국 정부는 기초 연구 및 응용 연구 투자에 대한 장기적인 헌신을 재확인할 필요가 있다. 우리가 5장에서 언급했듯이 이러한 헌신이 사라지고 있다는 징후가 있다. 하지만 이 같은 투자는 그 어느 때보다 더 중요하다.

또한 정부는 기초 연구와 응용 연구 간의 자금 지원 균형을 회복시킬 필요가 있다. 역사적으로 응용 연구에 대한 정부의 자금 지원은 기초 연구에 대한 지원만큼이나 미국의 산업 경쟁력에 중요했다. 미국 국방고등연구계획국의 VLSI칩 개발 이니셔티브와 전략 컴퓨팅 이니셔티브, 국방부와 나사NASA의 복합소재 개발 지원, 미국국립과학재단의 슈퍼컴퓨터 자금 지원 등과 같이 어려운 문제들을 해결함으로써 영감을 받은 프로그램들은 광범위한 상용화 기술 개발의 토대를 마련하는 응용 연구 프로젝트의 사례들이다.

이러한 유형의 프로그램들은 일반적으로 어떤 회사도 해낼 수 없는 장기간의 헌신과 편익을 창출해내기 때문에, 응용 연구에 대한 정부 지원은 매우 중요하다. 인터넷이 1960년대 연방정부가 미국 고등연구계획국(ARPA, 이후에 국방부 산하가 되면서 DARPA Defense Advanced Research Projects Agency로 명칭을 바꾸었다)을 통한 지원으로 수십 년 동안 연구하게 해서 탄생한 것을 생각해 보자. ARPA는 핵 공격에서 살아남을 수 있는 통신 네트워크를 구축하려고 했다. 인터넷에는 패킷 교환, 통신 프로토콜, 네트워킹 인프라와 기타 기술을 위한 기초 연구 및 응용 연구에 대한 상당한 투자가 필요했는데, 이는 완성해내기까지 시간이 너무 오래 걸리고, 한 회사가 성공 여부를 떠안기에는 대단히 예측 불가능했기 때문에 민간 부문은 하려 하지 않았을 것이다.

아마도 기초 연구의 감소는 일시적인 문제일 것이고, 기초 연구와 응용 연구에 대한 정부의 투자는 장기적으로 다시 이루어질 것이라고 낙관적으로 생각할 수도 있을 것이다. 그러나 미국이 세금 문제, 재정 지원 혜택 개혁, 재량 지출을 건설적이고 초당파적으로 처리하지 못하는 문제는 낙관을 어렵게 한다. 중국, 싱가포르, 대만 및 일부 중동 국가들이 과학 연구 부진을 개선하기 위해 막대한 투자를 하고 있는 상황에서, 기초 연구 및 응용 연구는 재량 지출 범주에 속하기 때문에 예산 삭감의 희생양이 될 위험성이 크다. 지속적인 투자 없이 미국이 과학에서의 리더십을 유지할 수 있으리라 가정하면 큰 실수가 될 것이다.

과학 및 기술 제조에 대한 헌신의 확대

미국에서 최첨단 제조가 이루어지게 하려면, 미국은 중요한 공정 기술에 대한 첨단과학 지식이 있는 곳이 되어야 한다. '과학'과 '제조'는 일반적으로 같은 문장에 함께 나타나는 단어가 아니라고 생각할 수도 있다. 그러나 공정 혁신은 제품 혁신만큼 첨단과학에 의지할 수 있다.

첨단 제트엔진의 예를 들어 보자. 오늘날 대부분의 첨단 제트엔진은 극도의 열과 압력에서도 작동할 수 있는 소재와 세라믹을 사용한다. 이러한 소재들을 만드는 것은 매우 복잡하다. 이들 소재를 만드는 과정에 기초가 되는 많은 과학이 1960년대에 정부가 자금을 지원한 기초 연구에 의해 생겨났다.

이와 같이 미국 정부는 미래의 혁신적인 제조로 이어지는 과학적, 기술적 연구에 자금을 지원해야 한다. 다행히도 이미 약간의 움직임이 있다. 대통령의 과학기술자문위원회는 최근 연방정부가 로봇, 나노 소재, 바이오 제조 등과 같은 기술에 매년 5억 달러를 투자(궁극적으로 10억 달러까지 증가)하는 '첨단 제조 계획'을 수립할 것을 요구했다. 이는 제조업과 관련된 과학 연구기금 부족을 바로잡기 위한 훌륭한 첫걸음이다. 그러나 10억 달러조차도 정부가 매년 연구개발에 지출하는 1,430억 달러에 비하면 여전히 극히 적은 투자다. 그리고 우리는 현재의 예산 환경에서 위원회의 제안이 받아들여질 것이라고 낙관하지 않는다.

우리가 이 문제를 논의할 때 자주 제기되는 두 가지 질문은 "정부는 어떤 분야에 투자할지를 어떻게 알 수 있는가?"와 "모양만 조금 바꾼 '타깃 설정' 아닌가?"이다. 우리는 특정 기업의 특정 기술(예: 태양광 발전 또는 리튬이온 배터리 생산)에 대한 투자를 말하고 있는 것이 아니다. 광범위한 잠재적 상업 제품의 근간을 이루는 광범위한 기술 역량(예컨대 첨단소재, 나노 기술, 바이오 제조)에 대한 투자에 대해 얘기하고 있는 것이다. 특정 기술적 해법을 확인하려고 애쓰는 대신에, 정부는 주어진 기술적 문제에 대한 다양한 과학적 접근법에 자금을 지원하도록 노력해야 한다.

예를 들어 바이오 제조, 복합 분자 제조를 위한 생물 유기체(유전 공학적으로 융합된 박테리아, 효모, 조류 또는 포유류 세포 등) 사용을 들 수 있다. 의약품, 특수화학, 친환경 연료, 영양제 등 바이오 제조를 통해 생산될 수 있는 제품에는 종류가 많다. 그러나 바이오 제조는 상대적으로 공정 기술이 발달하지 못한 분야이기에 대량 생산 기술 개선으로 기회를 잡을 수 있다. 단클론항체Monoclonal Antibodies 같은 일부 생명공학 약품은 현행 바이오 제조 방법에 의한 생산 비용이 매우 높다(1그램 당 300달러에서 5,000달러). 이것이 단클론항체에 기반한 약품이 턱없이 비싼 이유 중 하나다(예컨대 대장암제인 아바스틴Avastin은 1년 투여에 5만 4,000달러가 든다).[7]

미국의 많은 생명공학 회사들은 관대한 세금 감면과 보조금을 제공하는 나라(예컨대 싱가포르와 아일랜드)에 공장을 짓거나 인도 같은 나라의 하청업체에 생산을 아웃소싱함으로써 비용을 낮추려 하고 있다. 그러나 엄청난 생산성 향상을 이끌어내는 바이오 제조과학 노하우의 중요한 발전이 있다면, 미국을 떠나려는 유혹은 훨씬 적을 것이다. 사실 전 세계 회사들이 지식 베이스를 이용하기 위해 미국에 바이오 제조 시설을 두고 싶어 할 것이다.

미래의 제조와 관련이 있을지도 모르는 과학의 영역을 확인하는 것은 결코 쉽지 않다. 하지만 전례가 있다. 인간 게놈 프로젝트는 인간 게놈의 완전한 배열이 생물학의 비약적인 발전이 될 것이라고 확신한 과학계의 몇몇 저명한 구성원(로버트 신스하이머Robert Sinsheimer, 르로이 후드LeRoy Hood, 월터 길버트Walter Gilbert, 제임스 왓슨James Watson 등)의 노력에서 비롯되었다. 그러나 이 계획의 장점은 처음부터 결코

'슬램덩크'가 아니었다. 어떤 이들은 인간 게놈 배열을 실제 과학이 거의 수반되지 않는 기계적인 작업일 뿐이며 완전한 시간 낭비라고 보았다. 인간 게놈 프로젝트는 또한 국립 보건 연구소가 연구자금을 배분하기 위해 사용하는 개별 조사자 중심의 동료 심사peer review 과정에 응모했다. 이는 많은 과학 연구소가 공동으로 협업하는 완전히 색다른 방법이었다. 결국 과학계 내에서 수년간의 논쟁과 에너지국의 초기 지원 이후에야 프로젝트는 자금 지원을 받을 수 있었다(그리고 후에 프로젝트는 국립보건원으로 옮겨갔다).[8]

인간 게놈 프로젝트 및 미국 국방고등연구계획국의 인터넷 프로그램 같은 유사한 사례들은 이러한 종류의 정부기금 결정에 과학 공동체의 깊은 관여가 중요함을 보여준다. 이들 사례는 또한 전통적인 과학적 학문 범위에 영향을 미치는 고위험 문제를 해결하기 위해 기존의 동료 심사에서 벗어나는 것이 가치 있음을 보여준다. 동료 심사는 확고한 자리를 차지하고 있다. 그러나 안타깝게도 미국의 많은 과학 연구에 대한 동료 심사 허가 과정은 기존의 학술 분야에 잘 맞는 저위험 프로젝트('정상 과학')에 편향되어 있다. 현재 한 분야의 사람들로 구성된 학술 자문단이 종종 이러한 결정을 내린다. 그 대신에 학계, 기업 및 정책 결정 공동체로부터 다양한 분야의 전문가들로 구성된 그룹들이 문제를 선택하고, 그 해결책을 찾기 위한 연구 프로그램을 짜는 최선의 방법을 결정해야 한다. 이러한 결정들에 관여하는 정부 정책 입안자들이 탄탄한 과학적 배경을 갖는 것이 특히 중요하다.

정부가 고가의 탄화수소에 대한 의존도, 식수 부족, 질병의 피해,

의료 서비스 개선의 필요성, 후진국의 식량 공급 부족 같은 문제를 해결하기 위해 한 회사나 한 대학의 범위를 벗어나는 '거대한 도전'을 해결하는 데 적합한 역할을 한다는 인식이 널리 퍼지고 있다. 제조업 자체도 거대한 도전에 직면해 있다. 예를 들어 환경 친화적이면서도 경제적으로 효율적인 방식으로 제조하는 것이다.

이러한 종류의 문제들에는 관련 전문지식을 갖춘 다양한 조직과 기업들 간의 장기적인 연구와 협업이 필요하다. 정부는 종종 이러한 거대한 도전에 맞서기 위해 필요한 수많은 조직의 노력을 동원하고 조정하는 유일무이한 위치에 있다. 이 같이 정부가 후원하는 협업 노력에는 두세 가지의 이점이 있다. 첫째, 정부는 자원을 증폭한다. 연구에 사용한 1달러는 그 지출의 결실이 광범위하게 공유될 때 훨씬 더 큰 가치를 가진다. 둘째, 정부는 학계와 산업 전반에 걸쳐 산업 공유지의 토대를 제공할 수 있는 협력자들의 네트워크 구축을 돕는다.

인적 자본 조성

2장에서 언급했듯이 경쟁력은 결국 인적 자본으로 귀결된다. 엄밀히 이야기하면 국가와 산업이 경쟁하기보다는 기업과 사람이 경쟁한다 (따져 보면 '기업'은 사람들의 집합체다). 미국은 물리적, 재정적, 기술적 자본에 대한 투자를 유치할 수 있는 적절한 인적 자본을 가지고 있어야만 산업 공유지를 재구축할 수 있다. 어떤 기업도 일류 과학자들과 기술자들이 충분히 공급되지 않는 곳에 연구개발 연구소를 세우지 않는다. 공장을 운영하는 데 필요한 숙련된 인력이 부족한 곳에 공장을 세우는 기업은 없을 것이다.

정부는 공유지 지원에 필요한 인적 자본 기반을 구축하는 데 중요한 역할을 하는데, 이는 K–12 교육 개선에 그치지 않는다. 과학, 기술, 공학 분야의 인력부터 시작해 보자. 여기에는 기술과 제조 산업에서 국가의 혁신 능력의 기초가 되는 과학, 공학, 수학 분야의 학부 및 대학원 학위가 포함된다.

자료는 미국이 이 같은 인적 자원을 얼마나 잘 배출하고 있는지를 보여준다. 2008년(가장 최근의 자료) 기준으로 미국은 세계의 과학 학사 학위 중 10%, 공학 학사 학위 중 4%를 차지했다. 이에 비해 EU는 18%와 17%, 중국은 17%와 34%, 나머지 아시아는 26%와 17%로 나타났다.[9]

미국의 대학 시스템은 과학자들과 엔지니어들을 훈련시킬 수 있는 놀라운 역량을 가지고 있다. 미국은 엄청난 수의 외국인 학생들을 성공적으로 계속 유치해 왔고, 그럼으로써 얻는 질적인 측면의 이점이 있다. 그러나 많은 젊은 미국인들이 이 분야로 진출하지 않고 있다. 1989년에서 2009년 사이 미국 이공계 박사 학위 중 67%를 외국인 거주자가 취득했으며, 약 절반가량은 4개국(중국, 인도, 한국, 대만) 출신에게 수여되었다.[10] 미국 경제에 다행스럽게도 이들 중 대다수가 미국에 머무르기로 결정했다.[11] 다시 말해, 미국은 외국 인적 자본의 순 수입국이 되었다. 이는 전혀 잘못된 것이 아니다. 스탠퍼드 대학교에서 컴퓨터과학 박사 학위를 받고 실리콘밸리에서 일하는 미국인은 스탠퍼드에서 컴퓨터과학 박사 학위를 받은 실리콘밸리에서 일하는 중국인과 같은 가치를 지닌다.

하지만 외국 인적 자본을 수입하는 이러한 전략은 위험성이 있다. 미국에 잔류하는 비율이 떨어질 수 있기 때문이다. 현재 이 비율이 감소하고 있다는 확실한 증거는 없지만(핀의 연구, 2010년), 두 가지 요인이 변화를 가져올 수 있다.[12] 첫째, 인도와 중국 같은 나라들이 기술 집약적인 산업에서 발전을 계속하고 과학 인프라를 구축함에 따라, 이들 나라는 미국에서 공부하는 자국인들에게 훨씬 더 매력적인 곳이 되고 있다. 둘째 요인은 미국 이민 정책과 그 중에서도 특히 매년 다른 비자 취득율이다. 과학 및 공학 분야에서 일하는 비거주자가 가장 많이 사용하는 유형인 H-1B 비자의 최대 발급 한도는 매년 상당히 다르다. (예를 들어 1995년과 2008년 사이에 매년 6만 5,000명에서 19만 5,000명 사이였다.)[13] 윌리엄 커William Kerr와 윌리엄 링컨William Lincoln의 연구는 H-1B 비자의 증가가 더 높은 수준의 경제 혁신으로 이어짐을 보여준다.[14] 미국 이민 정책은 미국에서 일하고 싶어 하는 비영주권자 졸업생들이 계속 남을 수 있도록 보장해야 한다. 이들에게 세계적 수준의 대학에서 공부하도록 투자한 후 정작 미국을 떠나도록 하는 것은 이치에 맞지 않다.

이와 동시에 미국은 더 많은 미국 학생들이 STEM(과학, 기술, 공학, 수학의 준말)에서 학부 및 대학원 학위를 따도록 더 잘 준비하고 장려해야 한다. 다시 말하지만, K-12 교육 단계에서부터 더 나은 수학과 과학 교육이 필수적이다. 그 외에도 학부 장학금에 더 많은 기금 지원을 하고 이들 분야에서 학부 교육의 질을 향상시키는 것이 도움이 될 것이다. 그리고 STEM 분야 대학 졸업생들이 투자은행이나 경영

컨설팅 업계에 들어가는 것보다 이러한 분야에 더 많이 머물도록 유도하기 위해서는 이들에게 보다 많은 대학원 장학금 혜택을 주어야 한다.

미국 정부는 또한 제조업의 최전선에 있는 노동자 교육을 위한 정책을 개발해야 한다. 미국이 더 뛰어나야 하는 제조업의 분야는 체력보다 훨씬 더 두뇌를 필요로 하지만, 기존의 많은 노동 인구는 이러한 지식 작업을 할 수 없다. 우리가 미국에서 제조업에 대해 경영진과 논의할 때, 그들은 종종 우리에게 "미국에서 더 많이 제조를 하고 싶지만, 적절한 기술력을 가진 사람들을 찾을 수 없다"라고 말한다. 공구 및 금형 제작 기술자, 유지보수 기술자, 고도로 정교한 컴퓨터 제어 장비를 다룰 수 있는 작업자, 통계에 익숙한 작업자, 숙련된 용접기사, 그리고 생산 엔지니어조차 공급 부족 상태에 있다.

이와 같은 공급 부족의 이유를 이해하기는 쉽다. 공장이 문을 닫거나 축소되면서 이러한 직업을 가졌던 많은 사람들이 다른 직업으로 옮겨갔거나 은퇴했기 때문이다. 앞으로 취업 기회가 줄어들 것을 예상해 젊은 층은 다른 직업을 택했다. 그리고 학생들의 부족과 예산 삭감으로 인한 예산 압박에 직면해 재정난에 처한 주와 많은 지역사회, 직업학교가 기술 교육을 서서히 축소해 왔다.

정부 정책 입안자들은 제조업이 교육과 훈련을 적게 받은 사람들에게 좋은 분야라는 생각을 가지고 있다. 결과적으로 미국은 독일처럼 제조업에 필요한 전문 기술 훈련에 거의 돈을 쓰지 않았다. 이는 변해야 한다.

결론: 제조업은 특별 대우를 받아야 하는가?

제조업의 토대를 강화하기 위한 국가 경제 전략에 대한 우리의 주장이 설득력이 있기를 바라지만, 여전히 제조업이 특별한 대우를 받아야 하는지에 대해 의문을 제기하는 일부 독자들이 있을 수 있다. 우리의 제안은 다른 분야보다 제조업을 특별 대우해야 한다는 것이 아니라 경쟁의 장을 평등하게 하자는 것이다.

이미 많은 서비스 부문에 보조금이 지원되고 있으며, 그렇게 함으로써 그 분야에 유리하게 운동장이 기울어졌다. 미국은 보건 부문에 많은 보조금을 제공하고 있다(예컨대 고용주가 부담하는 의료보험은 세전 달러로 지급된다). 미국은 (예컨대 담보대출에 대해 세금을 감면해주고 연방 보조금을 제공함으로써) 주택담보대출에 아낌없이 보조금을 지급해왔다. 이자에 대한 15% 세율은 사모펀드에 대한 막대한 보조금을 뜻한다. (제조업 이익에 최고세율 15%의 세금을 부과한다면, 미국의 제조업은 전 세계 기업들에게 훨씬 더 매력적일 것이다.) 마지막으로, 미국의 농업에 대한 막대한 보조금이 있다. 미국은 제조업보다 다른 업종들을 편애하면서 제조업 분야를 망치고 있다. 이는 분명 정상적이지 못하고 건강하지 못하다.

우리는 시간을 되돌릴 수 없다

고전 영화 〈오즈의 마법사The Wizard of Oz〉에서는 도로시가 오즈에 착륙한 후 이상한 풍경을 둘러보고는 그녀의 강아지에게 "이런, 토토. 여긴 캔자스가 아닌 것 같아"라고 말하는 유명한 장면이 있다. 30년간의 수면 끝에 오늘 잠에서 깨어난 사람은 세계 경제 상황을 둘러보면서 비슷한 말을 하고 싶을 수도 있다. 세계 노동 인구에는 10억 명의 노동자가 더 있다. 서구 기업들의 전략을 꼼꼼히 분석한 중국, 인도, 브라질 같은 나라들은 이제 성장이 가속화되는 중요한 시장이 되었다. 그리고 이 나라들은 빠르게 경제 먹이사슬에 오르고 있다. 중국은 현재 첨단기술 상품에서 가장 큰 무역 흑자를 내고 있다. 인도는 소프트웨어 개발의 세계적 중심지이다. 브라질은 항공기와 자동차 같은 복잡한 기계 제품 생산국으로 발돋움하고 있다. 그리고 미국에서 생산된 제품을 찾기는 점점 더 어려워지고 있다. 분명 우리는 더 이상 캔자스에 살고 있지 않다.

　가장 활기찬 신흥 경제국들조차도 여전히 자국 내의 심각한 도전들(예컨대 대규모 빈곤, 인구 대다수가 이용하기에 불충분한 의료 서비스)에 직면해 있는 상황에서, 오늘날 미국인들이 그 어느 때보다도 훨씬 더 경쟁적이고 경제적으로 어려운 세상에서 살고 있다는 것을 부인하기란 어려운 일이다. 정체된 임금, 점점 더 증가하는 실직율, 늘어가는 적자, 미래에 대한 깊은 불안감과 같은 상황을 보기 위해 멀리 내다볼 필요는 없다. 비관론자들은 미국을 전성기를 뒤로한 채 오랜 경제적 일몰에 접어든 나라로 보고 있다. 우리를 두렵게 하는 전례들이 있다. 영국은 한때 세계에서 가장 혁신적이고 활기찬 경제를 가진 나라였다. 1차 세계대전이 터지기 전, 아르헨티나의 1인당 GDP는 세계 10위였다(독일과 프랑스보다 높았다).[1] 그러나 한 세기 동안의 경제 침체와 정치적 혼란 후에 아르헨티나는 현재 약 50위권에 머물러 있다.[2] 한때 미국의 가장 두려운 경제 경쟁자였던 일본은 성장률 제로의 두 번째 '잃어버린 10년'에 들어섰다. 그 다음 차례는 미국일까?

그 질문에 대한 답은 미국이 무엇을 하느냐에 달려 있다. 미국의 산업 공유지를 회복시키기 위해 기업과 정부가 할 수 있는 많은 일들이 있다. 하지만 각자의 역할이 있다. 기업들은 제조업이 그들이 생각했던 일회용품이 아니라 경쟁우위를 가져오는 역량이라는 것을 인식할 필요가 있다. 기업은 지역 공유지에 투자해야 한다. 그렇게 하는 것이 최선책이기 때문이다. 정부는 새로운 경쟁 질서의 현실을 인식해야 한다. 미국은 최고의 지적 자본과 인적 자본 없이는 최고의 경제를 이룰 수 없다.

우리는 종종 미국의 경쟁력을 회복하는 것이 기업의 일인지 아니면 정부의 일인지 묻는 질문을 받는다. 우리의 대답은 둘 다라는 것이다. 미국인들은 자유시장의 장점 대 정부 개입의 장점에 대해 무

의미한 논쟁을 벌여왔다. 미국의 역사는 미국이 세계에서 가장 시장 지향적인 경제 중 하나지만, 정부 정책은 항상 경제 성장에 활력을 불어넣는 데 있어 중요한 보완적 역할을 해왔음을 분명히 보여준다. 지금은 이 문제를 놓고 이념 논쟁에 빠질 때가 아니다. 행동을 취해야 할 때이다.

비교적 기술이 낮은 미국인이 공장에서 보수를 많이 받는 일자리를 찾아서 생계를 유지할 수 있었던 '좋았던 시절'을 기대하는 시각도 있다. 그들은 '공평한 경쟁의 장'을 만들기 위해 무역 장벽을 세우거나 제조업에 보조금을 제공함으로써 시간을 되돌리려고 한다. 우리는 그것이 재앙이 될 것이라고 생각한다. 시간을 되돌릴 수는 없다. 제조업은 예전 같지 않다. 제조업은 50~60년대처럼 고등학교 교육을 마친 사람이 중산층 수준의 급여를 받을 수 있는 분야가 더 이상 아니다. 미국에서 성공할 수 있는 제조업은 정교한 지식과 기술을 필요로 한다. 이는 미국이 이와 같은 제조를 하는 데 필요한 지적 자본과 인적 자본에 투자할 필요가 있음을 의미한다. 제조업에 있어서 지금은 뒤돌아보는 것이 아니라 혁신해야 할 때이다.

미국 경제는 변화의 시기에 항상 전성기에 있었다. 세계 경제의 세계화는 미국 노동자들에게 비길 데 없는 도전과 기회를 동시에 만들어내고 있다. 분명 훨씬 더 경쟁적인 세계지만, 또한 미국이 역사적으로 뛰어났던 혁신을 갈망하는 세계다. 그리고 미국의 역사를 통해 미국인들은 경제 각 분야를 창조하고 재창조할 수 있는 역량을 보여주었다. 산업 공유지라고 다를 이유는 없다.

미국은 대단히 역동적인 노동 시장, 기업가적 문화와 (벤처캐피탈 같은) 지원 기관, 세계에서 가장 강력한 과학 연구 기반, 거대한 국내 시장 등 많은 강점을 가지고 더 경쟁적인 세계에 진입하고 있다. 부러움의 대상이 되는 강점들이다. 경제적 결과는 자연의 법칙에 따라 일어나는 것이 아니다. 쇠퇴는 피할 수 없는 것이 아니다. 번영도 마찬가지다. 경제적 결과는 사람들의 태도, 결정, 실천에 의해 확정된다. 미국인의 미래 번영은 중국, 인도 또는 다른 나라에서 일어나는 일에 좌우되지 않는다. 이 새로운 세계 질서에서 미국의 경제적 운명은 미국인들이 무엇을 선택하느냐에 달려 있다.

감사의 글

이 책은 많은 사람들과 기관의 도움과 지원이 없었다면 가능하지 않았을 것이다. 우리는 스티브 프로케스치Steve Prokesch에게 깊이 감사한다. 스티브는 이 프로젝트를 탄생시킨 2008년 7~8월판 하버드 비즈니스 리뷰 논문 〈미국의 경쟁력 회복〉, 그리고 이 책의 핵심 부분이 된 후속 논문(〈미국에 제조업이 정말 필요한가?〉, 하버드 비즈니스 리뷰 2012년 3월)의 편집자였다. 스티브는 두 논문을 발전시킨 이 책을 집필하는 동안 우리와 긴밀하게 협업했다. 우리는 내내 냉정한 피드백을 해주고 원고 편집을 해준 스티브에게 감사한다.

우리는 또한 하버드 비즈니스 리뷰 출판사의 편집자인 제프 키호Jeff Kehoe와 하버드 비즈니스 리뷰 그룹의 편집장인 아디 이그나티우스Adi Ignatius에게 감사한다. 이들은 우리의 논문에 관심을 갖고 하버드 비즈니스 리뷰 출판사를 통해 출판할 기회를 주었다.

우리의 연구를 지원해준 하버드 경영대학원의 로버트 슈브Robert Schub와 크리스 앨런Chris Allen에게 감사한다. 하버드 경쟁력 프로젝트 회원들과의 토론이 큰 도움이 되었고, 특히 얀 리브킨의 도움이 컸다. 우리는 또한 하버드 경쟁력 서밋 동안 우리의 작업에 대해 비평을 해준 팀 솔소Tim Solso와 론 블룸Ron Bloom에게 감사하며, 이 책에서 다룬 주제들에 대해 자신의 생각을 공유해준 레지나 두건Regina Dugan에게도 감사를 전한다. 우리는 최종 원고를 준비하는 동안 시바 라자Sheba Raza가 준 도움에 감사한다. 우리는 이 분야의 선구자들이자 우리에게 깊은 영향을 준 우리의 전 동료 교수 로버트 헤이스Robert Hayes, 킴 클라크Kim Clark, 스티브 휠라이트에게 지적인 빚을 지고 있다. 우리의 연구를 언제나 후원하고 지원하는 하버드 경영대학원에도 감사한다. 우리의 연구뿐 아니라 하버드 경영대학원의 경쟁력에 관한 모든 연구에 대한 니틴 노리타Nitin Noria 학장의 지원에 대해 특별한 감사를 표한다.

마지막으로, 우리는 우리의 아내인 앨리스 로사Alice Rosa와 줄리 시Julie Shih가 이 프로젝트 내내 지원해 준 데 대해 감사하고 싶다. 우리는 이 프로젝트를 3년 전의 논문에서 시작했다. 우리는 당시 아내들에게 우리가 이 책을 완성하는 즉시 모든 것이 '정상'으로 돌아올 것이라고 약속했다. 그러고 나서 우리는 이 책을 쓰기로 결정했다. 이 긴 마라톤 동안, 우리는 앨리스와 줄리에게 터널 끝에 빛이 보이고 곧 정상으로 돌아올 것이라고 (반복해서) 약속했다. 터널이 예상보다 조금 더 길다는 것을 눈치 챘겠지만, 아내들의 격려와 인내는 흔들리지 않았다. 우리의 아내들에게 이 책을 헌정한다.

부록

태양전지 주요 부품 공급사(인도)

태양전지 모듈 주요 부품	제조사	제조국
태양전지	자체 제조, 다양한 공급원	인도, 중국
EVA(에틸렌초산 비닐)	에티멕스 솔라Etimex Solar GmbH(현 솔루티아 솔라Solutia Solar GmbH, 솔루티아 Solutia의 자회사)	독일
	미츠이 화학Mitsui Chemical Fabro, 나고야 웍스Nagoya Works	일본
	세키스이화학공업Sekisui Chemical	
	토마크 산업Tomark Industries의 빅스큐어Bixcure ; 빅스비Bixby International Corporation	미국
	양이과학기술YangYi Science &Technology	대만
	STR Solar	미국 (코네티컷주 엔필드)
배면시트Back sheet	이소볼타Isovolta	오스트리아
	토요 알루미늄Toyo alminum	일본/중국
	게이와Keiwa Inc.	일본
	크렘펠Krempel GmbH	독일
	마디코 특수필름Madico Specialty Films (일본 린텍Lintec 자회사)	미국 (매사추세츠주 워번)
	타이플렉스Taiflex Scientific	대만
	토판 프린팅Toppan Printing	일본
	레이코Reiko	
유리	생고뱅Saint Gobain	인도
	CSG 홀딩China Southern Glass Holding, CSG PVTech	중국
	아사히글래스Ashai Glass	일본
	NSG	
	스탠리글래스Stanley Glass	대만

알루미늄 프레임	시코SEECO	중국
	시지에Xijie	
	기타 제조사들	
리본 태양전지 태빙tabbing, 리본 연결 스트링string	울브리히Ulbrich Precision FlatWire	미국
	크리에이티브Creativ	아르헨티나
정션박스Junction-box/ 케이블	타이코Tyco	독일
	코요Coyo	대만
	유키타Yukita Electric Wire	일본/중국
	야마이치Yamaichi	일본/독일
	오남바Onamba	일본/베트남
	후버슈너Huber+Suhner AG	스위스/중국
	비즈링크 타이완Bizlink Taiwan International	중국/대만

출처 : Moser Baer Solar 제공 자료

주

프롤로그

1. 미국 경제분석국 자료
2. '탈산업사회'라는 용어는 하버드대 사회학 교수인 대니얼 벨(Daniel Bell)이 《탈산업사회의 도래(The Coming of the Post-Industrial Society)》 (아카넷, 2006년)에서 사용했다.
3. National Science Foundation, "New Employment Statistics for the 2008 Business R&D and Innovation Survey," NSF 10–326, July 2010, and data on the total workforce in 2010. 자료에서 분석.

1장

1. Gary P. Pisano and Willy C. Shih, "Restoring American Competitiveness," Harvard Business Review, July–August 2009, 114–125.
2. For example, M. L. Dertouzos, R. K. Lester, and R. M. Solow, 《Made in America》 (Cambridge. MA: MIT Press. 1989); R. Z. Lawrence, 《Can America Compete?》 (Washington. DC: Brookings Institution. 1984); B. R. Scott, "National Strategy for Stronger US Competitiveness," Harvard Business Review, March– April 1984, 77–91; J. A. Young, "Technology and Competitiveness: A Key to the Economic Future of the United States," Science 241, no. 4863 (1988): 313–316; and J. A. Young, "Global Competition: The New Reality," California Management Review 27, no. 3 (1985): 11–25.
3. World Trade Organization, 〈International Trade Statistics 2009〉 (Geneva: World

Trade Organization, 2009), 62, 121, http://www.wto.org/english/res_e/statis_e/ its2009_e/its09_toc_e.htm.

4. National Science Board, 〈Science and Engineering Indicators 2012〉(Arlington, VA: National Science Foundation, 2012), http://www.nsf.gov/statistics/seind12/.

5. For example, Clyde Prestowitz, 《The Betrayal of American Prosperity: Free Market Delusions,America's Decline, and How We Must Compete in the Post-Dollar Era》 (New York: Free Press, 2010).

6. 중국의 2009년 자료는 이 책을 저술하던 시기에 마지막으로 이들 데이터를 얻을 수 있던 해였다. 세계은행은 이 장에서 앞서 정의했던 것과 같이 '첨단기술'에 대해 비슷한 정의를 하고 있다.

7. J. Perlin, The Silicon Solar Cell Turns 50, National Renewable Energy Lab, NREL report no. BR-520-33947, August 2004, http://www.nrel.gov/docs/ fy04osti/33947.pdf.

8. US Department of Energy, 〈2008 Solar Technologies Market Report〉 (Washington, DC: US Department of Energy, January 2010).

9. US Census Bureau trade data.

10. Keith Bradsher, "Solar Panel Maker Moves Work to China," New York Times, January 14, 2011; Russell Gold, "Overrun by Chinese Rivals, US Solar Company Falters," Wall Street Journal, August 17, 2011; and Peg Brickley, "Evergreen Solar to Abandon Massachusetts Factory," Wall Street Journal, March 12, 2012.

11. J. Bhagwati, "The Manufacturing Fallacy," Project Syndicate, August 27, 2010, http://www.project-syndicate.org/commentary/themanufacturing-fallacy.

12. G. Hardin, "The Tragedy of the Commons," Science 162 (1968): 1243-1247; D. Feeny, F. Berkes, B. McCay, and J. Acheson, "The Tragedy of the Commons—22 Years Later," Human Ecology 18, no. 1(1990): 1-19; E. Ostrom, "Coping with Tragedies of the Commons," Annual Review of Political Science 2 (1999): 493-535; and E. Ostrom, J. Burger, C. Field, R. Norgaard, and D. Policansky, "Sustainability—Revisiting the Commons: Local Lessons, Global Challenges," Science 284,no. 5412 (1999): 278-282.

13. 토마스 프리드먼, 《세계는 평평하다(The World Is Flat:A Brief History of the Twenty-First Century)》 (21세기북스, 2013년).

14. K. Bourzac, "Applied Materials Moves Solar Expertise to China," Technology Review, December 22, 2009.

15. Ralph J. Brodd, 〈Factors Affecting U.S. Production Decisions:Why Are There No Volume Lithium-Ion Battery Manufacturers in the United States?〉 NIST

GCR 06-903 (Gaithersburg, MD: National Institutes of Standards and Technology, December 2006), http://www.atp.nist.gov/eao/gcr06-903.pdf.

16. For example, Vannevar Bush, 《Science: The Endless Frontier》(Washington, DC: Government Printing Office, 1945); Thomas Arrison, 《Rising Above the Gathering Storm Two Years Later: Accelerating Progress Toward a Brighter Economic Future》(Washington, DC: National Academies Press, 2009); and Daniel Kevles, "The National Science Foundation and the Debate over Postwar Research Policy, 1942-1945, A Political Interpretation of Science: The Endless Frontier," Isis 68, no. 1 (1977): 4-26.

17. G. Garrett, "Globalization's Missing Middle," Foreign Affairs 83, no. 6(2004): 84-96; and J. VandeHei, "Kerry Donors Include 'Benedict Arnolds': Candidate Decries Tax-Haven Firms While Accepting Executives' Aid," Washington Post, February 26, 2004.

2장

1. 마이클 포터, 《마이클 포터의 국가 경쟁우위(Competitive Advantage of Nations)》 (21세기 북스, 2009년); Paul Krugman, "Competitiveness: A Dangerous Obsession," Foreign Affairs 73, no. 2 (1994): 28-44.

2. Laura D. Tyson, 〈Who's Bashing Whom? Trade Conflict in High Technology Industries〉 (Washington, DC: Institute for International Economics, 1992).

3. Krugman, "Competitiveness."

4. Kevin B. Barefoot and Marilyn Ibarra-Caton, "Direct Investment Positions for 2010: Country and Industry Detail," Survey of Current Business 91, no. 7 (2011): 125-141.

5. Analyzed from data downloaded from the US Bureau of the Census, Geographic Mobility 2008 to 2009, http://www.census.gov/population/www/socdemo/migrate/cps2009.html.

6. European Commission, 〈Geographic Mobility in the European Union: Optimising Its Economic and Social Benefits〉, Contract VT/2006/04 (Brussels: European Commission, April 2008).

7. 마이클 포터, 《마이클 포터의 경쟁전략(Competitive Strategy)》 (프로제, 2018년).

8. Central Intelligence Agency, World Economic Factbook 2010, https://www.cia.gov/library/publications/download/download-2010/index.html.

9. 위의 글.

10. "Labor Force Statistics from the Current Population Survey,"Bureau of Labor Statistics, http://data.bls.gov/pdq/SurveyOutputServlet.

11. 위의 글.; and data on trading partners from Central Intelligence Agency, World Factbook, https://www.cia.gov/library/publications/the—world—factbook.

12. Krugman, "Competitiveness."

13. Michael Spence and Sandile Hlatshwayo, "The Evolving Structure of the US Economy and the Employment Challenge," working paper, Council on Foreign Relations, New York, March 2011.

14. 위의 글., 4.

15. National Science Board, 〈Science and Engineering Indicators 2010〉(Arlington, VA: National Science Foundation, 2010); and Robert Barro and Jong—Wha Lee, "International Data on Educational Attainment: Updates and Implications," working paper 7911, National Bureau of Economic Research, Cambridge, MA, September 2000.

16. National Science Board, "Research and Development: National Trends and International Linkages," in 〈Science Indicators 2010〉 (Arlington,VA: National Science Foundation, 2010), http://www.nsf.gov/statistics/seind10/c4/c4s5.htm.

17. 위의 글.

18. Kevin B. Barefoot and Raymond J. Mataloni Jr., "Operations of U.S. Multinational Companies in the United States and Abroad: Preliminary Results from the 2009 Benchmark Survey," Survey of Current Business, November 2011, 29–48, http://www.bea.gov/scb/pdf/2011/11%20November/1111_mnc.pdf.

19. Ross Perot, 《Save Your Job, Save Our Country:Why NAFTA Must Be Stopped—Now》 (New York: Hyperion Books, 1993).

20. John Harwood, "53% in US Say Free Trade Hurts Nation: NBC/WSJ Poll," CNBC, September 28, 2010, http://www.cnbc.com/id/39407846/53_in_US_Say_Free_Trade_Hurts_Nation_NBC_WSJ_Poll.

21. European Commission, "South Korea," http://ec.europa.eu/trade/creating—opportunities/bilateral—relations/countries/korea/.

22. Clyde Prestowitz, 《The Betrayal of American Prosperity》 (New York:Free Press, 2010). The Republic of Korea—United States Free Trade Agreement was eventually approved by the US Senate in October 2011(http://www.ustr.gov/trade—agreements/free—trade—agreements/korus—fta).

23. Dale W. Jorgenson, Mun S. Ho, and Kevin J. Stiroh, "A Retrospective Look at

the US Productivity Growth Resurgence," Journal of Economic Perspectives 22, no. 1 (2008): 3-24.

24. '감자칩 대 반도체칩' 논쟁은 조지 부시 대통령의 경제자문위원회 의장 마이클 보스킨 (Michael Boskin)이 촉발했다. 미국이 반도체칩을 만들든 감자칩을 만들든 중요하지 않다고 말한 것으로 알려져 있다.

25. 다니엘 벨, 《탈산업사회의 도래(The Coming of Post-Industrial Society)》 (아카넷, 2006년).

26. James Cook, "You Mean We've Been Speaking Prose All These Years?" Forbes, April 11, 1983, 146, quoted in Stephen S. Cohen and John Zysman, 《Manufacturing Matters:The Myth of the Post-Industrial Economy》 (New York: Basic Books, 1987), 5.

27. 이러한 견해를 같이하는 저명한 경제학자들 중에는 콜럼비아 대학의 자그디시 바그와티(Jagdish Bhagwati) 교수(2010년 8월 27일 그의 블로그에 올린 글 "제조업에 대한 그릇된 믿음", http://www.projectsyndicate.org/commentary/bhagwati3/English)와 크리스틴 로머(Christine Romer) 교수("제조업에 특별대우가 필요한가?", 2012년 2월 4일 뉴욕 타임즈, http://www.nytimes.com/2012/02/05/business/do-manufacturers-need-special-treatment-economicview.html)가 있다.

28. Richard McCormack, "Council on Competitiveness Says U.S. Has Little to Fear but Fear Itself; By Most Measures, U.S. Is Way Ahead of Global Competitors," Manufacturing & Technology News, November 30, 2006, http://www.manufacturingnews.com/news/06/1130/art1.html.

3장

1. Elinor Ostrom, Christopher B. Field, Richard B. Norgaard, and David Policansky, "Revisiting the Commons: Local Lessons, Global Challenges," Science 284, no. 5412 (1999): 278-282.

2. David A. Hounshell, 〈From the American System to Mass Production, 1800-1932〉 (Baltimore, MD: The Johns Hopkins University Press, 1984).

3. John S. Heckman, "The Product Cycle and New England Textiles," Quarterly Journal of Economics 94, no. 4 (1980): 697-717.

4. George S. Gibb, 《The Saco-Lowell Shops》 (Cambridge, MA: Harvard University Press, 1950).

5. Pratt & Whitney Company, 《Accuracy for Seventy Years: 1860-1930》(Hartford, CT: Pratt & Whitney Company, 1930).

6. Germany Trade & Invest, 《The Automotive Industry in Germany: Industry

Overview 2010》(Berlin: Germany Trade & Invest, 2010).

7. Nathan Rosenberg, "Technological Change in the Machine Tool Industry, 1840–1910," Journal of Economic History 23, no. 4 (1963): 414–443.

8. For example, Timothy Bresnahan and Manuel Trajtenberg, "General Purpose Technologies 'Engines of Economic Growth'?" Journal of Econometrics 65, no. 1 (1995): 83–108.

9. David Mowery and Nathan Rosenberg, 《Paths of Innovation: Technological Change in 20th Century America》(New York: Cambridge University Press, 1998).

10. Alfred Marshall, 《Principles of Economics》(London: MacMillan, 1890).

11. Paul Krugman, "Increasing Returns and Economic Geography," Journal of Political Economy 99, no. 3 (1991): 483–499.

12. 토마스 프리드먼, 《세계는 평평하다(The World Is Flat:A Brief History of the Twenty–First Century)》(21세기북스, 2013년).

13. 판카즈 게마와트, 《월드 3.0(World 3.0: Global Prosperity and How to Achieve It)》(지식트리, 2012년).

14. 마이클 포터, 《마이클 포터 경쟁론(On Competition)》(21세기북스, 2011년).

15. 마이클 폴라니, 《개인적 지식(Personal Knowledge:Towards a Post–Critical Philosophy)》(아카넷, 2001년).

16. Richard Nelson and Sidney Winter, 《An Evolutionary Theory of Economic Change》(Cambridge, MA: Harvard University Press, 1982).

17. On the Toyota production system, see Steven Spear and Kent H. Bowen, "Decoding the DNA of the Toyota Production System," Harvard Business Review, September–October 1999, 96–106.

18. D. B. Audretsch, "Agglomeration and the Location of Innovative Activity," Oxford Review of Economic Policy 14, no. 2 (1998): 18–29.

19. Stefano Breschi and Francesco Lissoni, "Mobility of Skilled Workers and Co–Invention Networks: An Anatomy of Localized Knowledge Flows," Journal of Economic Geography 9, no. 4 (2009): 439–468.

20. 분석을 위해 경제체제와 산업을 생태계에 비유한 연구들로 다음의 예가 있다. Michael Hannan and John Freeman, "The Population Ecology of Organizations," American Journal of Sociology 82, no. 5 (1977): 929–964; Marco Iansiti and Roy Levien, The Keystone Advantage: What the New Dynamics of Business Ecosystems Mean for Strategy, Innovation, and Sustainability (Boston: Harvard Business School Press, 2004); and Rosabeth Moss Kanter, "Enriching the Ecosystem," Harvard Business Review, March–April 2012.

4장

1. On the concept of modularity in design, see Carliss Baldwin and Kim Clark, 《Design Rules,Volume 1:The Power of Modularity》 (Cambridge, MA: MIT Press, 2000).
2. 이 장에서의 논의는 저자의 2012년 논문 〈미국에 정말 제조업이 필요한가?Does America ReallyNeed Manufacturing?〉, 하버드 비즈니스 리뷰(3월-4월)에서 가져왔다. The discussion in this chapter draws heavily from the authors' article "Does America Really Need Manufacturing?" Harvard Business Review, March-April 2012.
3. Gary P. Pisano, 《The Development Factory: Unlocking the Potential of Process Innovation》 (Boston: Harvard Business School Press, 1996).
4. Maureen McKelvey, 《Evolutionary Innovations: The Business of Biotechnology》(New York: Oxford University Press, 2000).
5. R. Courtland, "ICs Grow Up," Spectrum, IEEE 49, no. 1 (2012): 33-35.

5장

1. David A. Hounshell, 《From the American System to Mass Production, 1800-1932》 (Baltimore, MD: The Johns Hopkins University Press, 1984).
2. William Lazonick, "Nine Government Investments That Made Us an Industrial Leader," Next New Deal, September 8, 2011, http://www.newdeal20.org/2011/09/08/nine-government-investments-that-made-usan-industrial-economic-leader-57814/.
3. Alfred Chandler, 《Scale and Scope:The Dynamics of Industrial Capitalism》 (Cambridge, MA: Harvard University Press, 1990).
4. 위의 책.
5. Alfred Chandler, 《The Visible Hand:The Managerial Revolution in American Business》 (Cambridge, MA: Belknap Press of Harvard University Press, 1977).
6. 챈들러가 《규모와 범위(Scale and Scope)》에서 지적한 바와 같이, 자본주의는 같은 기간 동안 유럽에서 다른 형태를 띠었다. 예를 들어 영국은 동일한 개인이나 가족이 기업을 소유하고 경영하는 개인 자본주의에 계속해서 의존했다. 이는 영국 기업들이 미국 기업들과 같은 규모의 자본에 접근할 수 없음을 의미했다.
7. 위의 책.
8. 위의 책.

9. David Mowery and Nathan Rosenberg, 《Paths of Innovation: Technological Change in 20th Century America》 (New York: Cambridge University Press, 1998).

10. Hounshell, From the American System to Mass Production.

11. Mowery and Rosenberg, Paths of Innovation.

12. David Mowery, "The Relationship Between Contractual and Intrafirm Forms of Industrial Research in American Manufacturing, 1921-1946," Explorations in Economic History 20 (1983): 351-374.

13. Richard R. Nelson and Gavin Wright, "The Rise and Fall of American Technological Leadership: The Postwar Era in Historical Perspective," Journal of Economic Literature 30, no. 4 (1992): 1931-1964.

14. 데이비드 하운쉘(David Hounshell)은 이러한 시각이 미국 기업들의 엄청난 엔지니어링 및 제조 노하우와 역량을 간과했음을 일깨워 준다. 이러한 노하우와 역량들이 없었다면 어떤 새로운 기술과 제품도 출현하지 못했을 것이다.

15. Daniel J. Kevles, "The National Science Foundation and the Debate over Postwar Research Policy, 1942-1945: A Political Interpretation of Science: The Endless Frontier," Isis 68, no. 1 (1977): 4-26.

16. Nelson and Wright, "Rise and Fall."

17. Franco Malerba, 《The Semiconductor Business: The Economics of Rapid Growth and Decline》 (London: MacMillan, 1985).

18. Jeffrey Macher, David Mowery, and Alberto Di Minin, "The Non-Globalization of Innovation, I: The Semiconductor Industry," California Management Review 50, no. 1 (2007): 217-242.

19. C. F. Yinug, "The Rise of the Flash Memory Market: Its Impact on Firm Behavior and Global Semiconductor Trade Patterns," Journal of International Commerce & Economics 1 (2008): 137-162.

20. 현재 마이크론테크놀로지만이 미국에서 D램을 제조하고 있다. Today only Micron Technology still makes DRAMs in the United States.

21. Willy C. Shih, Gary P. Pisano, and Andrew A. King, "Radical Collaboration: IBM Microelectronics Joint Development Alliances," Case 608-121 (Boston: Harvard Business School, 2008).

22. Jim O'Neill and Anna Stupnytska, "The Long-Term Outlook for the BRICs and N-11 Post Crisis," Goldman Sachs Global Economics Paper 192, December 4, 2009, 22.

23. 위의 글., 6.

24. the website of the Ministry of Science and Technology of the People's Republic of China, http://www.most.gov.cn/eng/programmes1/200610/

t20061009_36225.htm.

25. Willy Shih's testimony in 2009 Report to Congress of the U.S.− China Economic and Security Review Commission, 111th Congress, 1st session, November 2009, 87−88.

26. National Science Board, "Key Science and Engineering Indicators—2010 Digest," National Science Foundation Publication NSB 10−02(Arlington, VA: National Science Foundation, 2010).

27. Scott J. Weisbenner, "Corporate Share Repurchases in the 1990s: What Role Do Stock Options Play?" working paper, Federal Reserve Board, Washington, DC, 2000.

28. Kevin B. Barefoot and Raymond J. Mataloni Jr., "Operations of US Multinational Companies in the United States and Abroad: Preliminary Results for the 2009 Benchmark Survey," Survey of Current Business, November 2011, 29−48, http://www.bea.gov/scb/pdf/2011/11%20 November/1111_mnc.pdf.

29. Michael Spence and Sandile Hlatshwayo, "The Evolving Structure of the US Economy and the Employment Challenge," working paper, Council on Foreign Relations, New York, March 2011, 33.

6장

1. On this theme of capabilities in competition, see Robert Hayes, Steven Wheelwright, and Kim Clark, 《Dynamic Manufacturing》 (New York: Free Press, 1990); C. K. Prahalad and Gary Hamel, "Core Competences of the Corporation," Harvard Business Review, May−June 1990, 79−91; and David Teece, Gary Pisano, and Amy Shuen, "Dynamic Capabilities and Strategic Management," Strategic Management Journal 18, no. 7 (1997): 509−533.

2. 전략에서 헌신의 역할에 대해서는 Pakaj Ghemawat, 《Commitment: The Dynamics of Strategy》. (New York, Free Press, 1991)를 참고하라.

3. Michael E. Porter and Jan W. Rivkin, "The Looming Challenge to U.S. Competitiveness," Harvard Business Review, March 2012, 87.

4. 이 장에서의 논의는 저자의 2012년 논문 〈미국에 정말 제조업이 필요한가?Does America ReallyNeed Manufacturing?〉, 하버드 비즈니스 리뷰(3월−4월)에서 가져왔다.

5. Gary P. Pisano, Science Business:The Promise, the Reality, and the Future of

Biotech (Boston: Harvard Business School Press, 2006).

6. Mihir Desai, "The Incentive Bubble," Harvard Business Review, March 2012.

7장

1. 국가 경제 전략의 필요성에 대해서는 Michael Porter, "Why America Needs an Economic Strategy," Bloomberg Businessweek, October 30, 2012.를 참조하라.

2. Michael E. Porter, "What Is Strategy?" Harvard Business Review, November 1996, 61–78.

3. David C. Mowery and Richard R. Nelson, eds., 《The Sources of Industrial Leadership: Studies of Seven Industries》 (Cambridge: Cambridge University Press, 1999).

4. Franco Malerba, 《The Semiconductor Business》 (Madison: University of Wisconsin Press, 1985).

5. 유럽 이니셔티브는 브리티시 에어웨이즈(British Airways)와 에어프랑스(Air France)에만 판매된 콩코드 여객기의 생산으로 이어졌다.

6. For example, the March 2012 issue of Harvard Business Review.

7. Chris Chen, "Challenges and Opportunities of Monoclonal Antibody Production in China," Trends in Bio/Pharmaceutical Industry 5, no. 3(2009): 28–33, http://tbiweb.org/tbi/file_dir/TBI2009/Challenge%20in%20China.pdf.

8. Leslie Roberts, "Controversial from the Start," Science 291, no. 5507(2001): 1182–1188.

9. National Science Board, Science and Engineering Indicators 2012(Arlington, VA: National Science Foundation, 2012), 1–7.

10. 위의 글., 2–29.

11. Michael Finn, "Stay Rates of Foreign Doctoral Recipients from US Universities, 2007," working paper, Oak Ridge Institute for Science and Technology, Oak Ridge, TN, January 2010.

12. 위의 글.

13. W. Kerr and W. Lincoln, "The Supply Side of Innovation: H–1B Visa Reforms and US Ethnic Innovation," Journal of Labor Economics 28, no. 3(2010): 473–508.

14. 위의 글.

에필로그

1. "Argentina's Collapse: A Decline Without Parallel," The Economist, February 28, 2002, http://www.economist.com/node/1010911.

2. International Monetary Fund, World Economic Outlook Database, September 2011, http://www.imf.org/external/pubs/ft/weo/2011/02/weodata/index.aspx.

왜 제조업
르네상스인가

지은이 | 개리 피사노, 윌리 시
옮긴이 | 고영훈

1판 1쇄 인쇄 | 2019년 4월 12일
1판 1쇄 발행 | 2019년 4월 19일

펴낸곳 | ㈜지식노마드
펴낸이 | 김중현
디자인 | 제이알컴
등록번호 |제313-2007-000148호
등록일자 | 2007. 7. 10

(04032) 서울특별시 마포구 양화로 133, 1201호(서교동, 서교타워)
전화 | 02) 323-1410
팩스 | 02) 6499-1411
홈페이지 | knomad.co.kr
이메일 | knomad@knomad.co.kr

값 14,000원

ISBN 979-11-87481-54-6   03320